공자의 말

최종엽 지음

읽고 싶은 책

머리말

삶에는 궁금한 것이 많습니다.

누군가로부터 단 여섯 단어로 자신의 인생을 정리하라는 숙제를 받는다면 가장 적절한 단어는 어떤 것일까요? 누구에게나 인생의 기회가 있다고 하는데 그 기회 잡기가 어려운 이유는 무엇일까요? 10년, 20년 혹은 30년을 일하고도 아직 미래가 불안하다면 그 이유는 어디에 있을까요? 제4차 산업혁명 시대, 평생학습 시대, 전염병의 시대 속에 진정 앎이란 무엇일까요? 우리에게 파도처럼 쉼 없이 다가서는 근심 걱정을 줄일 수 있는 좋은 방법은 무엇일까요? 기로에 서거나 갈림길에서 어떤 중요한 결정을 내려야만 할 때 선택의 기준이 있다면 그것은 무엇일까요?

그래서 공자에게 길을 물었습니다.

살면서 마음이 불편할 때가 종종 있습니다. 어제와 같은 오늘, 오늘과 같은 내일이 반복되면서 삶의 목표도 변화의 동력도 시들해질 때가 있습니다. 자동차가 고장 나면 카센터에 가고, 몸이 아프면 병원을 가듯 이럴 때 사람들은 인문학을 찾아간다고 합니다.

지금 우리가 갈피를 잡지 못하고 힘들어하고 있다면 과거 우리의 아버지 어머니들도 그럴 때가 있었을 것입니다. 우리의 할아버지 할머니들도 그럴 때가 있었을 것입니다. 다산 정약용이 살았던 1800년대에 조선의 백성들도 그랬고, 임진왜란 병자호란의 전쟁 속에서 힘들게 살았던 조선 중기의 민초(民草)들도 그랬고, 고려시대, 삼국시대 중국의 춘추전국시대 역사 속의 수많은 사람이 그랬을 것입니다.

2500년 전 격변의 춘추시대 공자도 그랬을 것입니다.

춘추시대 공자와 그의 현명한 제자들이 그 문제를 다루고 기록으로 남겨 고전이 되었습니다. 송나라 철학자 주자도 그 문제를 다루었고 성리학으로 기록을 남겼습니다. 조선의 위대한 학자였던 퇴계와 율곡도 그 문제를 다루었고 많은 명저를 남겼습니다. 다산 정약용도 그 문제를 다루었고 오백여 권의 기록을 남겼습니다. 지금 우리가 하는 이 삶의 고민을 공자, 맹자, 주자, 퇴계, 율곡, 다산, 추사도 이미 했을 것입니다. 그리고 다양하고 확실한 해결책을 내놓았습니다. 그것은 역사를 거쳐 오면서 고전이 되었고 인문학이 되었습니다.

경영을 물으니 경영에 답하고

지난 오랜 시간 동안 많은 사람이 공자에게 질문했습니다. 공자에게 길(道)을 묻고 공자에게서 길을 찾았습니다. 탁월한 기업가의 한 사람이었던 삼성 창업자 이병철 회장은 1980년대 중반에 출간된 자서전 〈호암자전〉에서 이렇게 말했습니다.

'가장 감명을 받은 책, 혹은 좌우에 두는 책을 들라면 나는 서슴지 않고 논어라고 말할 수밖에 없다. 나라는 인간을 형성하는데 가장 큰 영향을 미친 책은 바로 이 논어이다. 나는 경영에 관한 책에는 흥미를 느껴본 적이 별로 없다. 내가 관심을 갖는 것은 경영의 기술보다는 인간의 마음가짐에 관한 것이다.'

성공한 창업가로서 그 누구보다도 경영의 기술을 갈구했을 것이라고 생각하지만 그는 경영의 기술보다는 사람의 마음가짐이 더 중요하다는 것을 간파하고 있었습니다. 그 인간의 마음을 움직일 수 있는 강력한 지혜가 논어에는 수없이 많다는 것을 보여주고 있습니다.

서양이 물으니 서양에 답하고

중국에 기독교를 전파한 서양의 예수회 선교사들은 중국에서 기독교를 선교하려면 중국을 먼저 알아야 한다는 판단 아래 17세기에 이미 '논어' '맹자' '대학' '중용' '주역' '효경' '소학' 등을 라틴어와 영어로 번역했습니다. 특히 논어는 1621년 최초로 라틴어로 번역되었습니다. 볼테르, 라이프니츠, 루소, 케네, 흄, 애덤 스미스에 이르기까지 18세기 유럽의 최고 지식인들은 공자를 공부하기 시작했습니다. 공자 사상은 1688년 영국 명예혁명부터 1789년 프랑스 대혁명까지의 약 100여 년간 18세기 유럽의 계몽주의 사상의 씨앗이 되었습니다. 계몽주의의 선도 주자였던 볼테르는 영국의 경험론을 배경으로 공맹철학을 전면적으로 수용해 합리주의 철학을 버리고 근대화 혁명의 지도 이념으로 삼았습니다. 그는 공자의 법을 따랐던 시대를 지구상에서 가장 행복하고 가장 존경할 만한 시대로 평가하기도 했습니다.

리더를 물으니 리더에 답합니다.

『논어』, 『순자』, 『공자가어』를 통해 공자에게 리더를 물었습니다. 224 어구를 답으로 이 책을 엮었습니다. 각 어구마다 공자어록의 원문, 음독과 기본적인 해석을 달았고, 간명하게 의역을 하여 쉽게 이해 할 수 있도록 하였습니다. 공자어록의 의미와 함께 오늘 현실에서 바로 적용해 볼 수 있는 생생한 아이디어와 통찰력을 찾을 수 있게 하였으며, 특히 직장인을 포함한 조직의 리더들이 참조하면 좋을 만한 내용으로 재구성을 하였습니다. 『공자의 말』은 오늘을 살아가는 리더들에게 던지는 공자의 오래된 미래지혜입니다.

제1부에서는 개인의 성장과 발전을 중심으로 나를 깨워 일어서기, 자신의 수양과 수련, 학습을 통한 성장, 리더로의 성장과 바른

리더가 되기 위한 인문적 소양을 주로 다루었습니다.

제2부에서는 조직의 발전과 성장을 중심으로 조직 속의 우리를 위한 인간관계, 가정에서의 효와 우애, 조직경영 전략, 정치와 공공의 발전을 위한 공자의 어록으로 구성하였습니다.

제1부 4장, 제2부 4장으로 전체는 8장으로 구성되었으며 각 장의 말미에는 각 장의 주제에 합당한 대표적인 어구를 선정, 자세히 풀어 현실적인 활용도를 높이고자 했습니다.

공자의 말은 진행형입니다.

기 소 불 욕 물 시 어 인
己所不欲 勿施於人

내가 원치 않는 바라면 남에게도 하지 마라.

나도 하고 싶지 않다면 다른 사람도 하고 싶지 않을 테니 억지로 시키지 마라. 속는 게 싫으면 속이지 마라. 뺏기는 게 싫으면 빼앗지 마라. 적은 게 싫으면 적게 주지 마라. 거만한 게 싫으면 거만하지 마라. 위선이 싫으면 속이지 마라. 짜증이 싫으면 짜증 내지 말라고 합니다.

그러니,

2500년 전에도 욕 듣는 게 싫으면 제발 욕하지 마세요.

1000년 전에도 욕 듣는 게 싫으면 제발 욕하지 마세요.

지금도 욕 듣는 게 싫으면 제발 욕하지 마세요.

1000년 후에도 욕 듣는 게 싫으면 제발 욕하지 마세요.

2500년 후에도 욕 듣는 게 싫으면 제발 욕하지 마세요. 라는 것이 공자의 가르침일 것입니다.

목차

1부. 我 - Me

2부. 我 - We

공자의 말

1부

我

me

1

일어서기 위해

001

내 인생의 여섯 단어

언젠가 우리가 일흔이 되었을 때,
단 여섯 단어로 본인의 인생을 정의해보라는 과제를 받는다면,
무엇으로 그 여섯 단어를 채울 수 있을까요?

어떤 사람은 학사, 석사, 박사, 교수, 정년, 노후
어떤 사람은 사원, 대리, 과장, 부장, 임원, 노후
어떤 사람은 월급, 주식, 부동산, 이자, 정년, 노후
어떤 사람은 벤처, 소기업, 중소기업, 중견기업, 대기업, 노후
어떤 사람은 애인, 결혼, 자식, 부모, 손자, 노후
공자는 지우학, 이립, 불혹, 지천명, 이순, 종심

오십유오이지우학 삼십이립 사십이불혹 오십이지천명 육십이이순
吾十有五而志于學 三十而立 四十而不惑 五十而知天命 六十而耳順
칠십이종심소욕불유구
七十而從心所欲不踰矩

나는 열다섯에 학문에 뜻을 두었고, 서른에 확고하게 섰으며, 마흔에는 의혹이 없었고, 쉰에는 천명을 알았으며, 예순에는 모든 소리에 통하고, 일흔에는 마음 내키는 대로 해도 법도를 넘지 않았다.

■ 논어, 위정04

002

서른에 일어서다

공자는 열다섯에 평생 공부하며 살겠다고 결심을 합니다. 15년이 지나 서른이 되었을 때 학문적인 독립, 경제적인 독립, 사회적인 독립을 하게 됩니다. 피나는 노력의 결과였습니다. 15년 동안 공자께서 확실하게 한 것은 호학(好學)이었습니다. 옛것을 익혀 새로운 것을 만드는 기반을 마련했습니다. 서른 즈음에 학문적으로 우뚝서 제자들을 가르치기 시작했습니다. 서른 이전의 탄탄한 인생 준비는 미래 60년의 든든한 배경이 됩니다.

삼 십 이 립

三十而立

서른에 일어섰다.

논어, 위정04

003

마흔에 흔들리지 않다

불혹은 흔들리지 않음입니다. 매혹과 유혹, 일과 휴식, 연봉과 전직에 흔들리지 않으려면 어떻게 해야 할까요? 지혜로운 사람이 되라 합니다. 지혜 중의 지혜는 사람을 제대로 볼 줄 아는 식견입니다. 공자는 나이 마흔 즈음에 사람을 제대로 볼 줄 아는 지혜를 갖게 되었습니다. 사람을 제대로 안다는 것이 쉬운 일은 아니지만 매우 중요한 일입니다. 국가나 조직은 물론 개인까지도 사람 때문에 흥하고 사람 때문에 망하기 때문입니다.

사 십 이 불 혹
四十而不惑

마흔에는 흔들리지 않았다.

논어, 위정04

004

오십에 천명을 알았다

전쟁과 패권이 판치는 격변의 춘추시대, 예와 덕이 살아있는 나라다운 나라를 만드는 것을 천명으로 생각했던 공자는 50대 초반에 군주의 부름으로 정치에 뛰어들게 됩니다. '천명을 가지면 죽고 사는 것, 궁하고 통하는 것에 마음을 빼앗기지 않고 초지일관 밀고 나갈 수 있게 된다.'는 맹자의 말처럼, 천명을 인식하는 것은 매우 중요합니다. 내가 살아가는 이유를 스스로 정하는 것 그것이 바로 지천명입니다.

오 십 이 지 천 명

五十而知天命

오십에 하늘의 명을 알았다.

논어, 위정04

005

육십에 귀가 순해지다

공자는 50대 중반에서 60대 후반까지 14년 동안 7개 나라를 떠돌아다니며 열국(列國)을 주유했습니다. 사람들의 비웃음에 개의치 않았습니다. 숨어서 남을 비웃는 것보다는 비웃음을 사더라도 더 좋은 세상을 위해 한 발 더 나가는 사람이야말로 군자(君子)라 믿었기 때문입니다. 귀가 순해진다는 말은 다른 사람들이 알아주지 않더라도 노여워하지 않고 열정과 천명을 가지고 가야 할 길을 묵묵히 갔다는 뜻입니다.

육 십 이 이 순

六十而耳順

육십에 귀가 순해졌다.

논어, 위정04

006

칠십에 세상을 얻다

천하주유(天下周遊)에서 돌아온 68세 공자는 천명을 이룰 방법을 바꾸게 됩니다. 현실정치에 뛰어들어 나라를 바꾸는 방법은 더 이상 불가능해졌기에 방법을 바꾸어 춘추를 쓰고, 시경을 편찬했으며, 제자들을 가르쳤습니다. 그리고 공자는 73세에 노나라 곡부에서 인생의 마지막을 맞습니다.

칠 십 이 종 심 소 욕 불 유 구

七十而從心所欲不踰矩

일흔 살이 되니 마음 내키는 대로 살아도 법도를 넘어서지 않았다.

— 논어, 위정04

007

실행이 답이다

앞에서는 뭐든 열심히 하는 척하지만 다른 사람이 없을 때는 싹 변하는 사람이 있습니다. 앞에서는 잘하지만 없을 때는 꼼짝하지 않는 사람도 있습니다. 앞에서는 웃지만 돌아서면 욕을 하는 사람이 있습니다. 앞에서는 박수 치면서도 돌아서면 칼을 가는 사람도 있습니다. 말할 때는 다 알아들었다 하면서도 오늘과 내일이 똑같은 사람이 있습니다.

앞에서는 조용하지만, 오늘과 내일이 바뀌어 가는 사람이 있습니다. 바로 공자의 일등 제자, 동양 5성의 하나로 꼽히는 안회 같은 사람입니다. 한번은 공자께서 이렇게 말씀하셨습니다. "내가 안회와 하루 종일 이야기를 나눴는데 거스르는 말을 단 한마디도 하지 않아 마치 그가 어리석은 듯 보였다. 하지만 물러간 뒤 그가 지내는 것을 살펴본즉 내가 해준 말들을 충분히 실행하고 있었으니 안회는 어리석지 않다."

퇴 이 성 기 사　역 족 이 발　회 야 불 우
退而省其私　亦足以發　回也不愚

물러간 뒤 그의 사생활을 살펴보면, 역시 나의 말을 실행하고 있는 것을 보면, 안회는 어리석지 않다.

— 논어, 위정09

008

리더는 그릇이 아니다

리더는 그 쓰임새가 한정된 그릇과 같은 사람이 아닙니다. 리더는 변화를 추구하며 주도해 나가는 사람입니다. 일 년 전의 모습과 지금의 모습이 똑같다면 그 사람은 리더가 아닙니다. 같은 일을 하더라도 변화와 개선을 시도하고 힘들어도 좋은 결과를 만들어 내려 노력하는 사람이 바로 리더입니다.

군 자 불 기
君子不器

군자는 그릇이 아니다.

— 논어, 위정

009

먼저 자격을 만들어라

“벼슬자리가 없음을 걱정하지 말고 그 자리에 설 능력 없음을 걱정하며, 자기를 알아주지 않음을 걱정하지 말고, 알려질 수 있는 능력을 기르도록 힘써야 하느니라.”

강원도 인재개발원 2층 복도 액자에 걸린 문구입니다.

불 환 무 위　환 소 이 립　불 환 막 기 지　구 위 가 지 야
不患無位　患所以立　不患莫己知　求爲可知也

지위가 없는 것을 걱정하지 말고, 그 자리에 설 자격을 갖추었는지를 걱정하라. 남들이 자기를 알아주지 않는 것을 걱정하지 말고, 인정받을 만한 실상을 갖추는 데 힘써라.

— 논어, 이인14

010

세상 사람은 나의 거울

잘난 사람은 시기하고, 못난 사람은 무시하는 일상의 틀을 깨기란 쉬운 일은 아닙니다. 그러나 리더는 다릅니다. 나보다 난 사람을 보면 정면교사(正面敎師)로 삼아 그를 따르고, 나보다 못난 사람을 보면 반면교사(反面敎師)로 삼아 나를 고칩니다. 학교에서나 직장에서나 리더의 길을 걷는 사람들은 사람을 대하는 방식이 다릅니다.

견 현 사 제 언　견 불 현 이 내 자 성 야

見賢思齊焉　見不賢而內自省也

어진 이를 보면 그와 같아지기를 생각하고, 어질지 못한 이를 보면 스스로 돌이켜 본다.

— 논어, 이인17

011

썩은 나무에 조각하기

"썩은 나무로는 조각할 수 없고, 더러운 흙으로 쌓은 담장은 흙손질을 할 수 없구나. 처음에 나는 사람을 대할 때 그 사람의 말을 듣고 그 사람의 행동도 믿었는데, 지금 나는 사람을 대할 때 그 사람의 말을 듣고도 그 사람의 행실까지 살피게 되었다. 재여로 인해 이렇게 바뀌었다." 평소 말은 잘했으나 행실이 그에 미치지 못한 제자 재여(宰予)가 낮잠을 자고 있을 때 공자께서 이른 말입니다.

배우려는 기본자세가 되어있지 않으면 백 가지 가르침도 효과가 없습니다. 말을 물가로 끌고 갈 수는 있어도 물을 강제로 먹일 수는 없습니다.

후 목 불 가 조 야　분 토 지 장 불 가 오 야
朽木不可雕也 糞土之牆不可杇也

썩은 나무로는 조각할 수 없고, 거름흙으로 쌓은 담장은 흙손질을 할 수 없다.

― 논어, 공야장09

012

부끄러움 네 가지

그럴 사이도 아닌데 듣기 좋은 말만 골라 교묘하게 하는 이유는 무엇인가 원하는 것이 있기 때문입니다. 원하는 것이 크면 클수록 간과 쓸개를 모두 내놓을 정도로 착하고 선한 모습으로 얼굴색을 바꾸며 다가옵니다. 예의에 어긋날 정도로 자세를 낮추고 허리를 숙이는 이유는 큰 욕심이 있기 때문입니다. 누가 보더라도 저열한 상대에게 자신의 모든 원망의 감정을 묶어두고 그와 가까이하려는 것도 감춰진 욕망 때문입니다.

공자께서도 이 네 가지를 부끄러워하셨습니다.

교언(巧言) 교묘하게 꾸며서 하는 말

영색(令色) 남의 비위를 맞추거나 아첨하기 위하여 얼굴빛을 꾸밈

주공(足恭) 도에 넘는 지나친 공경

익원이우기인(匿怨而友其人) 원망을 숨기고 그 사람과 벗하는 것

교언 영색 주공 익원이우기인 구역치지
巧言·令色·足恭 匿怨而友其人 丘亦恥之

말을 잘 둘러대고 가식적인 얼굴로 비위나 맞추며, 지나치게 공손한 것, 원망을 숨기고 그 사람과 벗하는 것을 나 역시 부끄럽게 여긴다.

논어, 공야장24

013

볼록렌즈와 오목렌즈

사람들은 타인의 잘못은 볼록렌즈를 통해 보고, 자신의 잘못은 오목렌즈를 통해 봅니다. 그러니 타인의 잘못은 더 커 보이고 자신의 잘못은 더 작아 보입니다.

그러나 진정한 리더들은 타인의 잘못은 오목렌즈를 통해 보고, 자신의 잘못은 볼록렌즈를 통해 봅니다. 그래서 타인의 잘못은 늘 더 작아 보이고 자신의 잘못은 늘 더 커 보입니다.

오 미 견 능 견 기 과 이 내 자 송 자 야
吾未見能見其過而內自訟者也

나는 그 잘못을 볼 줄 알고 안으로 스스로 꾸짖는 사람을 보지 못했다.

— 논어, 공야장26

014

가치 있는 핑계는 없다

염구라는 제자가 공자에게 “저는 스승님의 가르침을 좋아하지만 따라가기에 힘이 부칩니다.”라고 핑계를 대자, 공자가 염구에게 “힘이 부족하다고 생각하는 사람들은 대부분 중도에 포기하는 경우가 많은데, 지금 너는 해보지도 않고 미리 안 된다는 부정의 한계선을 긋고 있구나.”라며 질타했습니다.

그렇습니다. 핑계는 모두 그럴듯하지만 가치가 있는 것은 아닙니다. 된다고 생각해도 안 되는 경우가 많은데, 안 된다는 생각으로 하는 것 중에 되는 것은 거의 없습니다. 해보지도 않고 안 된다는 부정의 획을 긋는 대신, 된다는 긍정의 획을 그어야 합니다. 그 긍정의 획이 성공의 시작입니다.

역 부 족 자 중 도 이 폐　금 여 획
力不足者中道而廢　今女畫

힘이 부족하다고 하는 사람은 중도에 그만두는데, 지금 너는 미리 한계선을 긋고 있구나.

▬ 논어, 옹야10

015

최고의 고수는 즐기는 자

커피를 아는 자도 좋아하는 자만 못하고,

커피를 좋아하는 자도 즐기는 자만 못합니다.

운전을 할 수 있는 자도 좋아하는 자만 못하고,

운전을 좋아하는 자도 즐기는 자만 못합니다.

인생을 아는 자도 좋아하는 자만 못하고,

인생을 좋아하는 자도 즐기는 자만 못합니다.

지 지 자 불 여 호 지 자　호 지 자 불 여 락 지 자

知之者不如好之者　好之者不如樂之者

아는 자는 좋아하는 자만 못하고, 좋아하는 자는 즐기는 자만 못하다.

― 논어, 옹야18

016

인생의 두 축

우리의 삶에 아주 요긴한 기준이 있습니다. 지혜로운 사람이나 지적 활동을 좋아하는 사람은 활동적이며 즐겁습니다. 흘러가는 강물처럼 늘 새로운 지식과 인생을 함께하니 인생이 즐겁습니다. 인자함으로 사람을 사랑하는 사람은 마치 산을 닮았습니다. 많은 것을 포용하고 용서하는 산과 같은 마음으로 살기에 오래 삽니다.

사원 대리 과장에겐 지자요수(知者樂水)의 인생 기준이 더 어울립니다. 살아있는 강물처럼 새로운 기술과 지식을 가까이하는 활동적인 삶은 직장생활의 전반전을 즐겁게 만듭니다. 부장, 임원, 경영진에겐 인자요산(仁者樂山)의 인생 기준이 더 어울립니다. 산 같은 포용의 마음으로 직원들을 감싸주고 사랑으로 이끌어 주면 조직에서의 장기근속은 당연한 결과가 됩니다. 인생의 전반은 지자의 삶이, 인생의 후반은 인자의 삶이 잘 어울립니다.

지자요수 인자요산 지자동 인자정 지자락 인자수
知者樂水 仁者樂山 知者動 仁者靜 知者樂 仁者壽

지자는 물을 좋아하고, 인자는 산을 좋아한다. 지자는 동적이고, 인자는 정적이다. 지자는 즐겁게 살고, 인자는 장수한다.

― 논어, 옹야21

017

원칙을 지키는 어려움

약이 쓰지 않으면 그게 약이겠는가! 약이겠는가!

노력이 힘들지 않다면 그게 노력이겠는가! 노력이겠는가!

회초리가 아프지 않으면 그게 회초리이겠는가! 회초리이겠는가!

절주(節酒)를 위해 각지게 만든 술잔에 각이 없다면

그게 절주를 위한 술잔이겠는가! 절주를 위한 술잔이겠는가!

고 불 고　고 재　고 재

觚不觚 觚哉 觚哉

고*가 고가 아니면 고이겠는가, 고이겠는가.

논어, 옹야23

* 고(觚) : 절주를 위해 사각으로 만든 고대 주나라 술잔

018

중용이란

중용(中庸)은 중간을 말하는 것이 아닙니다. 중(中)은 시중(時中, 가장 적절한 시기), 적중(的中, 목표에 어김없이 맞음)의 중이며, 용(庸)은 힘쓰다, 용쓰다 할 때의 용입니다. 어떤 일을 할 때 가장 적절한 시기에 정확히 목표를 정조준하여 최선의 노력을 다하는 것을 중용이라 합니다. 양쪽 의견이 다를 경우 양쪽의 의견을 중화시켜 양쪽 모두 그 옳은 일면을 취하게 하고, 동시에 그 옳지 않은 일면을 버리게 하는 것 역시 중용의 덕이라 할 수 있습니다.

중용지위덕야 기지의호 민선구의
中庸之爲德也 其至矣乎 民鮮久矣

중용의 덕은 지극한 것인데, 백성 중에 이를 지닌 이가 적어진 지 오래되었구나.

― 논어, 옹야27

019

어제를 알아야 내일이 빛난다

공자는 옛것을 믿고 좋아했기 때문에 춘추시대 이전인 하(夏)나라 은(殷)나라 주(周)나라 약 1500여 년의 문화를 집대성했습니다. 옛것을 믿고 좋아했기에 학습한 사실을 바탕으로 서술했지, 알지도 못하면서 창작한 것은 기필코 없다고 했습니다. 이것이 바로 공자의 술이부작(述而不作)정신입니다. 이를 통해 온고지신(溫故知新)이 가능하게 되었습니다.

술 이 부 작　신 이 호 고
述而不作　信而好古

서술할 뿐 창작하지 않으며, 옛것을 믿고 좋아했다.

논어, 술이01

020

배우고 가르치는 일

우리와 우리의 후손들이 살아갈 이 세상에 우리가 기여할 수 있는 가장 확실한 방법 중의 하나는 배움과 가르침에 싫증 내지 않는 것입니다. 공자가 그랬습니다. 배우기에 싫증 내지 않고 그저 묵묵히 익히고 기억하려 노력했습니다. 남 가르치는 것을 싫어하지 않았다고 공자는 말했습니다.

묵 이 지 지　학 이 불 염　회 인 불 권　하 유 어 아 재
默而識之　學而不厭　誨人不倦　何有於我哉

묵묵히 배우며 기억하고, 배움에 싫증 내지 않으며, 남을 가르치는 데 게을리하지 않는 것, 이 세 가지 외에 내게 무엇이 있겠는가?

논어, 술이02

021

네 가지 걱정

교양이라고는 눈을 씻고 봐도 찾을 수 없는 사람, 학습과는 아예 담을 쌓고 사는 사람, 좋은 책을 읽고 훌륭한 교육을 받아도 변하지 않는 사람, 나쁜 행동임을 알면서도 여러 구실을 붙여 정당화시키는 사람. 기원전 춘추시대 공자가 걱정했던 바로 그런 사람들입니다. 지금 우리 주변에도 이런 사람들이 적지 않습니다.

덕 지 불 수　학 지 불 강　문 의 불 능 사　불 선 불 능 개　시 오 우 야
德之不修　學之不講　聞義不能徙　不善不能改　是吾憂也

덕을 닦지 않는 것, 학문을 익히지 않는 것, 의를 듣고 실천하지 못하는 것, 착하지 못한 것을 알면서도 고치지 못하는 것, 이것이 사람들에 대한 나의 근심이다.

— 논어, 술이03

022

인문교육의 네 단계

먼저 가야 할 길에 대한 비전과 높은 목표를 정해야 합니다. 그 목표에 도전하고 실천하는 행동기준은 도덕적이어야 합니다. 도전과 실천은 사람을 사랑하는 인의 마음을 근거로 해야 합니다. 그 바탕 위에 전인 실무교육을 해야 합니다. 학문은 국영수와 같은 학문(學文)보다 인문 교양과 사람됨을 묻는 학문(學問)이 먼저여야 합니다.

지 어 도 거 어 덕 의 어 인 유 어 예
志於道 據於德 依於仁 游於藝

도에 뜻을 두고, 덕을 기준으로, 인에 의지하여, 육예*에서 노닐어야 한다.

논어, 술이06

* 육예(六藝) : 예(禮, 문화) · 악(樂, 음악) · 사(射, 군사) · 어(御, 수레몰기) · 서(書, 문학) · 수(數, 과학)

023

후회 없는 인생을 위해

좋아하는 일을 당장 할 수 없다면 지금 하는 일을 좋아하게 할 수는 없을까요? 지금까지 해왔고 지금도 어차피 하는 일인데 그 일에 대한 나의 생각을 조금만 바꾸어 보면 어떨까요?

그 일을 좋아할 수는 없을까?

그 일을 계속하면 어떤 장점과 강점이 생길까?

그 일의 전문가라는 소리를 듣게 된다면 어떤 일이 벌어질까?

일에 대한 특별한 애정 없이도 지금까지 무난하게 해 왔다면, 일에 대한 특별한 애정이 생긴다면 훨씬 더 잘하게 됩니다. 나와 비슷한 일을 하는 사람 중에는 그 일을 정말 좋아하는 사람들도 있으니까요. 일이 아닌 마음의 문제일 수 있습니다. 마음의 변화가 나와 세상을 바꿉니다.

부이가구야 수집편지사 오역위지 여불가구 종오소호
富而可求也 雖執鞭之士 吾亦爲之 如不可求 從吾所好

부라는 것이 구해서 되는 것이라면 비록 말채찍을 잡는 사람처럼 그런 미천한 일이라도 하겠지만, 구해서 얻어지는 것이 아니라면 내가 좋아하는 바를 따르겠다.

논어, 술이11

024

열정적으로 산다는 것은

공부에 몰두하다 때를 놓치기는 부지기수요, 학문으로 원하는 바를 얻으니 그 즐거움으로 다른 걱정은 모두 사라지고, 노년의 쇠약해져 가는 건강의 위협조차 느끼지 못했다는 공자의 자술입니다.

학문의 열정, 일의 열정, 작업의 열정, 어떤 것에 몰입하여 열정적으로 산다는 것은 앞서가는 사람만이 받을 수 있는 최고의 선물입니다.

발 분 망 식 낙 이 망 우 부 지 로 지 장 지

發憤忘食 樂以忘憂 不知老之將至

분발할 때에는 밥 먹는 것도 잊고 즐거움에 걱정을 잊으며 늙음이 닥쳐오고 있다는 것조차 알지 못했다.

— 논어, 술이18

025

그렇게 보일 따름이다

다 가지고 태어난 사람은 없습니다. 다만 그렇게 보일 따름입니다. 걱정 없는 사람도 없습니다. 다만 그렇게 보일 따름입니다.

다른 사람을 부러워하지 않는 사람은 없습니다. 다만 그렇게 보일 따름입니다.

다 가지고 태어난 것은 아니지만, 걱정이 없는 것은 아니지만, 부러운 사람이 없는 것은 아니지만, 온고지신(溫故知新)을 통하면 다 가지고 태어난 사람처럼, 걱정이 없는 사람처럼, 부러운 사람이 없는 사람처럼 그렇게 됩니다

아 비 생 이 지 지 자　호 고　민 이 구 지 자 야
我非生而知之者　好古　敏以求之者也

나는 나면서부터 아는 사람이 아니다. 옛것을 좋아해서 부지런히 그것을 구한 사람이다.

— 논어, 술이19

026

진정한 스승의 모습

스승의 말에만 매달리는 제자들에게 공자께서 말합니다.

"오해하지 마라. 나는 이미 나의 행동과 일상으로 너희에게 모든 가르침을 주고 있다."

말이 많다는 것은 말로 설명하기엔 무언가 부족하다는 것을 의미합니다. 공자의 말은 참으로 간명합니다. 말보다 더 확실한 행동으로 말하기 때문입니다. 말과 글 보다 더 중요한 실행과 행실을 보여주기 때문입니다. 겉과 속이 다르지 않은 진정한 스승의 모습입니다.

이 삼 자 이 아 위 은 호 오 무 은 호 이 오 무 행 이 불 여 이 삼 자 자 시 구 야

二三子以我爲隱乎 吾無隱乎爾 吾無行而不與二三子者 是丘也

너희들은 내가 뭘 숨긴다고 생각하느냐? 나는 숨기는 게 없다. 나는 너희들에게 행실 속에서 보여주지 않는 것이 없다. 이게 나다.

― 논어, 술이23

027

행복한 삶으로의 회귀

가끔은 시를 통해 삶의 정감을 불러일으켜 봅니다. 나만의 울타리에서 벗어나 타인들과의 공감을 통해 자신의 행동을 비추어 봅니다. 음악을 통해 마음의 안정을 찾아봅니다. 전문직이나 업무적 스트레스가 사람들에게 더 필요한 말입니다. 즐겁고 행복한 삶으로의 복귀는 누구에게나 필요합니다.

흥 어 시　립 어 례　성 어 악
興於詩　立於禮　成於樂

시를 통해 감흥을 불러일으키고, 예를 통해 행실을 바로 세우고, 음악을 통해 마음을 완성한다.

― 논어, 태백08

028

두 가지 부끄러움

노력하면 성공할 수 있는 시대에 살면서도 온갖 핑계를 대면서 노력하지 않는 것은 건강한 사회에 적응 못하는 개인의 부끄러운 일입니다. 개인적인 노력도 없이 부모의 권력과 배경으로 부귀를 누리며 사는 것은 사회에게도 개인에게도 모두 부끄러운 일입니다. 노력할 수 있는데 노력하지 않는 것, 누려서는 안 되는데 누리는 것 모두 부끄러운 일입니다.

방유도 빈차천언 치야 방무도 부차귀언 치야

邦有道 貧且賤焉 恥也 邦無道 富且貴焉 恥也

나라에 올바른 도가 행해지고 있는데도 빈천하다면 부끄러운 일이고, 나라에 올바른 도가 행해지지 않는데도 부귀를 누린다면 그것도 부끄러운 일이다.

— 논어, 태백13

029

환경을 탓하기 전에

어떤 사람은 돈이 없기에 더 노력하여 부자가 되고 어떤 사람은 돈이 없기에 그냥 가난하게 삽니다. 환경을 탓하기 시작하면 끝이 없습니다. 공부도 사업도 직장생활도 마찬가지입니다. 성공도 포기도 다 내가 하는 것입니다. 환경이나 사회적인 요소 때문에 멈춘다기보다는 내가 멈추기로 결정했기 때문입니다. 세상을 정복하는 것보다 작은 내 마음을 이겨내는 것이 더 어렵습니다.

비여위산 미성일궤 지 오지야 비여평지 수복일궤 진 오왕야

譬如爲山 未成一簣 止 吾止也 譬如平地 雖覆一簣 進 吾往也

비유컨대 산을 만드는데 흙 한 삼태기를 붓지 않아 산을 완성시키지 못하고 그만두는 것도 내가 그만두는 것이요, 땅을 메우는데 흙 한 삼태기를 부어 진전시켰다면 그것도 내가 한 것이다.

— 논어, 자한19

030

최고의 제자 안연

나아가는 것만 보았지 멈추는 것은 보지 못했다는 공자의 말은 제자 안회(顔回)를 두고 한 말입니다. 안회는 스승의 가르침을 누구보다 바르게 따랐던 수제자였습니다. 비록 공자보다 일찍 죽었지만, 덕행과 인자로서 최고의 인정을 받았던 안회이었습니다.

Good Follower is Good Leader라는 말이 있습니다. 훌륭한 팔로어가 훌륭한 리더가 됩니다. 최고의 제자가 최고의 리더가 됩니다. 제대로 따르는 사람이 나중에 제대로 된 리더가 됩니다.

오 견 기 진 야　미 견 기 지 야
吾見其進也　未見其止也

나는 그가 전진하는 것만 보았지, 멈추는 것은 보지 못했다.

― 논어, 자한20

031

나 하기에 달렸다

어려서는 총명했으나 커서 별 볼 일 없게 되는 경우가 있습니다. 입학은 했으나 졸업을 못 하는 경우가 있고, 졸업은 했으나 취업을 못 하는 경우가 있습니다. 취업은 했으나 승진을 못 하는 경우가 있고, 승진은 했으나 임원이 못 되는 경우도 있습니다. 임원은 됐으나 대표가 못 되는 경우가 있고, 대표는 됐으나 명예롭지 못한 경우도 있습니다. 과정과 결과는 모두 나 하기에 달렸습니다. 싹으로 멈출 것인지 꽃에서 멈출 것인지 열매까지 맺을 것인지는 모두 나 하기에 달렸습니다.

묘 이 불 수 자 유 의 부　수 이 불 실 자 유 의 부

苗而不秀者有矣夫　秀而不實者有矣夫

싹은 트였으나 꽃을 피우지 못하는 경우도 있고, 꽃은 피웠으나 열매 맺지 못하는 경우도 있다.

— 논어, 자한21

032

후배를 두려워하라

후배의 나이가 지금 내 나이 정도 되면, 지금의 나보다 훨씬 더 나을 수도 있기 때문에 후배들을 두려워해야 합니다. 하지만 그 후배의 나이가 40, 50이 되어도 잘한다는 명성이 들리지 않는다면 그 후배는 더 이상 두려워할 대상은 아닙니다. 인생 마흔 고개를 잘 넘기는 것이 성공적 인생의 첩경입니다.

후생가외 언지래자지불여금야 사십오십이무문언 사역불족외야이

後生可畏 焉知來者之不如今也 四十五十而無聞焉 斯亦不足畏也已

후배를 두려워해야 한다. 그가 내 나이가 되었을 때 어찌 지금의 나보다 못하다고 장담할 수 있겠는가? 하지만 그의 나이가 40~50세가 되어도 잘한다는 소문이 돌지 않는다면 이 또한 두려워할 바는 못 된다.

논어, 자한22

033

나보다 못한 친구는 없다

세상에 나보다 못한 사람은 없다는 겸손한 마음으로 배우기를 게을리해서는 안 됩니다. 세상 사람은 모두 나의 선생이 될 수 있습니다. 그들을 보면서 자기를 되돌아보고 자신에게 잘못이 있으면 고치기를 게을리하지 말아야 합니다.

천자문에 등장하는 '지과필개(知過必改)'라는 어구도 마찬가지입니다. 잘못(過)을 알았으면(知) 반드시(必) 고쳐야(改)한다는 말이지요. 세 사람이 길을 가면 그중에 반드시 나의 스승이 있다고 합니다. 그중 선한 자에게선 선함을 배우고, 선하지 못한 자를 보면 나를 고치면 되니 모두가 나의 스승입니다.

무 우 불 여 기 자 　과 즉 물 탄 개
毋友不如己者 過則勿憚改

나보다 못한 벗은 없으니, 과오가 있으면 기탄없이 고쳐라. 자기보다 못한 자를 벗 삼지 아니하며, 허물이 있으면 기탄없이 고쳐라.

― 논어, 학이08, 자한25

034

의지를 꺾을 사람은 없다

경력설계는 대학 졸업반 학생들에게만 필요한 취업 교육이 아닙니다. 정작 필요한 사람들은 신입사원 혹은 대리, 과장급 직원들입니다. 그들에게 커리어의 분명한 뜻(志)이 서 있다면 일상의 반복에서 오는 매너리즘을 벗어날 수 있습니다. 또한 퍼스널브랜드 실현이 가능해집니다. 자기브랜드화가 직장인과 필부(匹夫)를 특별한 사람으로 만듭니다.

삼 군 가 탈 수 야　필 부 불 가 탈 지 야
三軍可奪帥也　匹夫不可奪志也

삼군을 통솔하는 장수는 빼앗을 수 있어나 필부에게서 그 뜻은 빼앗을 수 없다.

― 논어, 자한25

035

세한 송백을 꿈꾸다

어려움을 겪어본 사람과 그렇지 않은 사람은 다릅니다. 시련에 단련된 사람과 그 시련을 포기한 사람은 다릅니다. 혹독한 겨울을 묵묵히 견디어내는 소나무와 잣나무처럼 리더는 어려움을 꿋꿋하게 이겨나가는 송백(松柏) 같은 사람입니다. 세한도(歲寒圖)를 그린 추사(秋史)에게 송백은 제자에 대한 우정이며, 안중근 의사에게 송백은 조국에 대한 충정이었습니다. 송백은 조직을 살리는 대표브랜드이며 개인을 살리는 퍼스널브랜드이기도합니다.

세 한 연 후 지 송 백 지 후 조 야
歲寒然後知松栢之後彫也

추운 겨울이 된 후에야 소나무와 잣나무가 늦게 시든다는 것을 알게 된다.

— 논어 자한27

036

자신에게 집중하라

자공(子貢)은 언변과 외교술이 뛰어난 제자였습니다만 종종 사람들을 비교 평가하는 나쁜 버릇을 가지고 있었습니다. 그런 제자에게 공자가 넌지시 말했습니다.

"자공아, 너는 현명한가 보구나, 나에게는 그럴 틈이 없다. 모든 사람이 현명하길 바라느냐, 나는 남을 비교할 겨를이 없구나."

한가하게 다른 사람 평가나 할 시간이 있으면 학문에 더 열중하라는 말입니다.

사 야 현 호 재　부 아 즉 불 가
賜也賢乎哉　夫我則不暇

사(賜: 자공의 이름)는 현명한가 보구나, 나에게는 그럴 틈이 없다.

■ 논어, 헌문31

037

능하지 못함을 걱정하라

친구의 마음을 얻어야 우정이 시작되고, 상대의 마음을 얻어야 사랑이 시작됩니다. 마음이 통해야 진정한 가족이 되고, 마음을 통해야 완전한 행복이 됩니다. 마음을 알아야 존경받는 상사가 되고, 마음을 알아야 믿음직한 부하가 됩니다. 면접관의 마음을 얻어야 합격이 가능하고, 고객의 마음을 얻어야 주머니가 두둑해집니다.

불 환 인 지 불 기 지　환 기 불 능 야
不患人之不己知　患其不能也

남이 자기를 알아주지 않음을 걱정하지 말고, 그 능하지 못함을 걱정하라.

― 논어, 헌문32

038

먼저 해야 할 일이 있다

요리사가 요리를 잘하려면 반드시 먼저 그의 칼을 날카롭게 갈아 놓아야 합니다. 엔지니어가 일을 잘하려면 반드시 먼저 그의 장비를 최상으로 만들어 놓아야 합니다. 직장인이 일을 잘하려면 반드시 먼저 그의 업무 지식을 업그레이드해 놓아야 합니다. 경영자로 탁월한 성과를 내려면 반드시 먼저 그의 품격과 인품을 올려놓아야 합니다. 리더가 되기 위해서는 어디를 가든 자기보다 나은 리더들과 벗을 해야 합니다.

공 욕 선 기 사 필 선 리 기 기

工欲善其事 必先利其器

장인이 일을 잘하려면 반드시 먼저 그의 연장을 날카롭게 해 놓아야 한다.

― 논어, 위령공09

039

궁리하고 또 궁리하라

좋은 직장 나쁜 직장이 따로 있는 것이 아니라, 그 안에서 어떻게 일을 하느냐가 중요합니다. 스스로 궁리하지 않는 사람은 아무리 좋은 직장을 다닌다 해도 좋은 결과를 얻기가 어렵습니다.

시키는 일도 제대로 못 하는 것은 하급입니다. 시키는 일만 간신히 하는 것은 중급입니다. 시키지 않는 일까지 깔끔하게 마무리를 하는 것이 '여지하' 정신의 상급입니다. 자신의 업무를 자신의 강점으로 만드는 상급입니다.

불 왈 여 지 하 여 지 하 자　오 말 여 지 하 야 이 의
不曰如之何如之何者　吾末如之何也已矣

어떻게 할까, 어떻게 할까라고 스스로 말하지 않는 사람은 나도 이미 어찌할 수가 없다.

— 논어, 위령공15

040

알면서도 고치지 못하는 것

짜고 단 것을 반복하여 먹는 것, 금연과 흡연을 반복하는 것, 음주 후 운전을 반복하는 것, 운동과 포기를 반복하는 것, 내 잘못은 보이지 않고 다른 사람의 잘못만 반복하여 보이는 것, 사람들은 대부분 잘못을 저지르는 존재입니다.

하지만 잘못을 고치려 노력하는 존재이기도 합니다. 그래서 희망이 있습니다. 잘못이 없는 사람이 아니라, 잘못을 고치려고 노력하는 그 사람이 결국 리더가 됩니다.

과 이 불 개　시 위 과 야

過而不改　是謂過矣

잘못하고도 고치지 못하는 것, 이것이 바로 잘못이다.

— 논어, 위령공29

041

반복의 힘

자신의 천성과 본성이 가장 비슷한 사람은 아마도 형제자매일 것입니다. 비슷한 천성과 본성으로 태어났지만 5~60년 살다 보면 형은 성공해 있고 동생은 아직도 힘들게 살고 있다면 그 이유는 무엇일까요?

형이 똑똑해서, 잘생겨서, 좋은 학교를 나와서일까요? 아닙니다. 형은 매일 아침 일어나 어떤 일을 반복적으로 했고, 동생은 매일 아침 일어나 어떤 일을 반복적으로 했느냐의 차이가 쌓이고 쌓여 오늘의 형과 동생을 만든 것입니다. 세상에 반복, 습관, 꾸준함을 이길 수 있는 것은 아무것도 없습니다.

성 상 근 야　습 상 원 야
性相近也　習相遠也

타고나는 것은 서로 비슷하나, 익히는 것에 의해 서로 멀어진다.

― 논어, 양화02

042

마흔에 미움을 보인다면

용감하지만 예의가 없는 사람, 과감하지만 융통성이 없는 사람, 타인의 단점만을 자주 말하는 사람, 위아래 구분 없이 욕을 해대는 사람, 이들은 모두 다른 사람들로부터 미움을 받습니다. 마흔이 넘도록 이를 고치지 못한다면 그 사람은 더 이상 미래가 없다고 공자는 말합니다.

마흔이 넘도록 그 어떤 특별한 퍼스널브랜드나 강점 없는 자신을 바라볼 수밖에 없다면, 이번엔 자기 자신으로부터 미움을 받습니다. 한 달에 책 한 권 읽지 못하는 자신을 바라볼 수밖에 없다면, 자기 스스로가 미워지기 시작합니다. 이십 년 이상 직장을 다녔음에도 불구하고 퇴직 후에 할 일이 없다면 자기가 미워지기 시작합니다. 사십 대가 끝나기 전에 스스로의 강점을 키워야 하는 이유입니다.

연 사 십 이 견 오 언 기 종 야 이
年四十而見惡焉 其終也已

나이 사십에 미움을 보인다면 그것은 이미 끝난 것이다.

― 논어, 양화26

043

배우고 가르치고 나누는 삶

젊어서는 공부에 집중해야 합니다. 그렇지 않으면 성인이 되어 무능해집니다. 늙어서는 누군가에게 자신의 노하우를 가르쳐야 합니다. 그렇지 않으면 나중에 기억해 주는 사람이 없게 됩니다. 있을 때는 베풀어야 합니다. 그렇지 않으면 나중에 궁해졌을 때 의지할 곳이 없게 됩니다. 그것이 바로 배우고 가르치고 나누는 삶입니다.

군 자 유 삼 사　군 자 소 사 장 즉 학　노 사 사 즉 교　유 사 궁 즉 시 야

君子有三思 君子少思長則學 老思死則教 有思窮則施也

군자에게는 세 가지 생각해야 할 것이 있으니 젊어서는 나이 먹은 뒤를 생각해 공부하고, 늙어서는 죽은 뒤를 생각해 남을 가르치고, 풍부할 때는 곤궁할 때를 생각해 베푸는 것이다.

— 순자, 법행

044

혈기를 조심하라

리더는 기(氣, 혈기, 의기, 호기)를 조심해야 합니다. 기를 부릴 때와 기를 거둘 때를 잘 선택해야 합니다. 큰 조직을 이끄는 리더일수록 더욱 그렇습니다. 기가 너무 강하면 본인의 몰락은 물론 조직에도 회복하기 어려운 피해를 주게 됩니다.

단 한 번의 호기와 객기가 종종 치명타를 날리기도 하고, 10년, 20년 조직 생활 내내 꼬리표로 남아 기를 죽게 합니다. 공자께서 혈기 왕성한 제자였던 자로에게 특별히 당부했던 것은 그럴만한 이유가 있어서였습니다.

군 자 이 강 기　이 부 득 기 사　소 인 이 강 기　즉 형 륙 천 진

君子而强氣　而不得其死　小人而强氣　則刑戮荐蓁

군자로서 혈기가 강하면 죽음을 제대로 하지 못하며, 소인으로서 혈기가 강하면 남에게 죽임을 당한다.

― 공자가어, 호생

045

귀에 거슬리는 말

대통령으로서 간하는 장관이 없고, 사장으로서 간하는 임원이 없고, 아버지로서 간하는 아들이 없고, 친구로서 간하는 친구가 없으면 그 행동에 허물이 없는 경우가 없습니다.

그런 이유로 대통령이 실수하면 장관이 바로잡고, 사장이 실수하면 임원이 바로잡고, 아버지가 실수하면 아들이 바로 잡으며, 친구가 실수하면 친구가 바로잡아, 나라에는 국정의 위태로움이 없어지고, 기업에는 경영 위기가 없어지고, 가정에는 어지러운 행동이 없게 되며, 친구 간에는 진실한 우정이 끊길 염려가 없게 되는 것입니다.

좋은 약이 입에 쓰지만 병에는 이로운 것이며, 충성된 말이 귀에 거슬리지만 행동에는 이로운 것입니다.

양 약 고 어 구 이 리 어 병　충 언 역 어 이 이 리 어 행
良藥苦於口而利於病　忠言逆於耳而利於行

좋은 약이 입에 쓰지만 병에 이로운 것이며, 충언이 귀에 거슬리지만 행동에 이로운 것이다.

— 공자가어, 육본

046

걱정을 즐거움으로 바꾸는 기술

원하던 바를 얻지 못했을 때에는 그간 노력했던 그 의미를 즐기고, 원하던 바를 얻은 뒤에는 그 결과의 쓰임을 즐기는 사람이 리더입니다. 원하던 바를 얻지 못했을 때에는 얻지 못함을 걱정하고, 원하던 바를 얻은 뒤에는 그 얻은 것을 잃을까 걱정은 사람은 보통 사람입니다. 그러니 리더는 즐겁지 않은 날이 없고, 보통 사람은 걱정 없는 날이 없게 됩니다. 걱정을 즐거움으로 바꾸는 사람이 바로 리더입니다.

기 미 득 지　즉 락 기 의　기 득 지　우 락 기 치
其未得之　則樂其意　旣得之　又樂其治

기 미 득 자　환 불 득 지　기 득 지　오 공 실 지
其未得也　患弗得之　旣得之　又恐失之

원하던 바를 얻지 못했을 때는 그 의미를 즐기고, 얻었을 때는 쓰임을 즐긴다. 원하던 바를 얻지 못했을 때는 얻지 못함을 걱정하고, 얻었을 때는 잃을까 걱정한다.

― 공자가어, 재액

인생의 두 축

지 자 요 수   인 자 요 산   지 자 동   인 자 정   지 자 락   인 자 수
知者樂水 仁者樂山 知者動 仁者靜 知者樂 仁者壽

지자는 물을 좋아하고, 인자는 산을 좋아한다. 지자는 동적이고, 인자는 정적이다. 지자는 즐겁게 살고, 인자는 장수한다.

― 논어, 옹야21

사람들은 누구나 후회를 하면서 살아가게 되는데요, 삶을 이끄는 어떤 기준이나 원칙들을 미리 알 수만 있다면 그 후회를 조금이라도 줄일 수 있을 것입니다. 그중 하나가 요산요수(樂山樂水)입니다.

― 知者樂水 知者動 知者樂

지자는 물을 좋아하고, 지자는 동적이며, 지자는 즐겁다는 뜻입니다. 물(水)은 낮은 곳은 채워주고 높은 곳은 감싸주며 자유롭게 흐릅니다. 겨울엔 얼음이 되고 더우면 수증기가 되고, 구름이 되고 비가 됩니다. 옹달샘은 시내가 되고 천이 되고, 강이 되고 바다가 됩니다. 물의 특징은 이렇듯 동적입니다.

지(知), 지식, 지혜, 그 지의 세계가 물을 닮았습니다. 기존 지식에 새로운 지식이 모여 더 큰 지식이 되고, 어제의 지식에 오늘의 정보가 모여 새로운 지식이 됩니다. 지식이 모여 학교가 되고 사회가 되고 문화가 됩니다. 그러니 지식은 살아있는 활동적인 물과도 같다 할 수 있습니다. 새로운 것을 알기 좋아하는 지자(知者)와 늘 동적으로 움직이는 그 물의 특성이 서로 닮았습니다. 사리에

통탈하여 막힘이 없는 지자의 모습이 마치 물을 닮았습니다. 새로운 지식을 배우고 익힘에 즐겁고 행복한 모습을 보이기에 활동적이고 적극적인 지자의 삶은 즐겁습니다.

━ 仁者樂山 仁者靜 仁者壽

인자는 산을 좋아하고, 인자는 정적이며, 인자는 오래 산다는 뜻입니다. 산(山)에는 동물도 나무도, 바위도 물도, 바람도, 벼랑도, 계곡도 있지만 모두 담고만 있을 뿐입니다. 많은 것들을 품은 산은 고요하고 흔들림이 없습니다. 눈이 오나 비가 오나 바람이 부나, 해가 떠도 달이 떠도 항상 그 자리에서 자리를 지키고 있습니다. 하루아침에 만들어진 산이 없고 하루아침에 사라지는 산도 없습니다. 인자(仁者)의 마음이 그렇게 고요하고 조용하다는 것입니다. 그러면서도 산은 세상의 그 무엇보다 오래갑니다. 인자(仁者)의 마음이 그렇다는 것입니다. 인(仁)을 간단히 말하면 애(愛)와 서(恕)입니다. 사람을 사랑할 때 느끼는 그 마음, 사람을 용서하고 이해할 때 느끼는 그 마음이 바로 어진 마음입니다.

━ 요산요수 (樂山樂水)

지자요수 인자요산이 인생의 커다란 기준이 될 수 있습니다. 사람들이 직장에서 대략 30년 일을 한다면 그 전반 15년과 후반 15년으로 나누어 볼 수 있습니다. 직장생활의 전반을 자자(知者)의 삶과 인자(仁者)의 삶 중에서 하나를 고르나 하면 어떤 삶이 더 유익할까요?

직장생활의 전반부 즉 사원에서 과장 정도까지는 지자(知者)의 삶을 기준으로 하는 것이 유익할 것으로 생각합니다. 물처럼 활동적인 생활은 조직에 생기를 줍니다. 직장에서의 시간 또한 빠르고 즐겁게 지날 것이기 때문입니다. 조직 생활 전반기에는 어디서 어떤 일을 하든지 공부하기를 게을리해서는 안 됩니다. 승진은 고사하고 기반조차 잡기가 어렵게 됩니다. 하루가 멀다 하고 바뀌는 새로움에 대한 빠른 학습과 활동적이고 생생한 움직임으로 사원 대리 과장 시절을 보내야 실력과 함께 강점을 가진 강한 개인이 되며, 조직에서 인정받는 사람이 됩니다. 변화에 민감하게 움직이는 지자의 모습과 활동적인 리더의 모습 또한 다르지 않습니다. 공부가 필요하면 공부에, 경험이 필요하면 경험에, 사람이 필요하면 사람에, 목표가 필요하면 목표에, 시간이 필요하면 시간에, 승진이 필요하면 승진에 물처럼 민감하게 움직이는 모습이 바로 지자의 모습이며 리더의 모습입니다.

직장생활의 후반전 대략 부장 이상의 리더들은 인자(仁者)의 삶을 모토로 하는 것이 유익할 것 같습니다. 직장생활의 후반기는 어디서 어떤 일을 하든지 사람 대하기에 소홀해지면 발전은 고사하고 월급 받기조차 어려워집니다. 사람이 자산이기 때문이지요. 산처럼 포용하고 이해하는 생활은 조직에 활기를 주게 되며 자신 역시 조직에서 롱런을 할 수 있게 됩니다. 사람들을 이해하고 포용하며 조직의 미래를 위한 큰 그림을 그리면서 후반기를 보낸다면, 조직은 강해지고 개인 또한 조직에서 오랫동안 기여할 수 있게 됩니다.

인생의 전반기는 활동적인 지자의 삶으로, 인생의 후반부는 포용하고 사랑을 주는 인자의 삶으로 살면 좋을 것 같습니다. 젊은이는 물같이 늙은이는 산같이, 젊은이는 활발하고 늙은이는 여유 있고, 젊은이는 공부하고 늙은이는 사랑 주고, 젊은이는 즐겁고 늙은이는 오래 살고, 젊은이는 총명하고 늙은이는 인자하고, 젊은이는 도전하고 늙은이는 품어주고, 젊은이는 명랑하고 늙은이는 그윽하고, 젊은이는 강물처럼 늙은이는 높은 산처럼, 젊은이는 젊음을 늙은이는 품위를, 젊은이는 지자로 늙은이는 인자로, 젊은이는 물을 좋아하고 늙은이는 산을 좋아하는, 활기차고 평화로운 그런 세상, 그런 요산요수(樂山樂水) 세상을, 2500년 전 공자는 꿈꾸었던 것이 아니었을까요?

공자의 고향,
산둥성(山東省) 지닝(濟寧) 취푸시(曲阜市)

2

수양을 위해

047

조화를 만드는 윤활유

仁 = 人 + 二입니다. 인(仁)은 사람(人) 둘(二)이 모인 모양입니다. 두 사람이 모였을 때 행복한 관계를 만드는 것이 바로 인(仁)입니다. 대부분의 갈등이나 싸움은 둘 이상부터 시작됩니다. 나와 형제, 나와 부모, 나와 스승, 나와 고객, 나와 상사, 나와 부하, 나와 친구, 나와 국가, 모두 나와 그 둘 간의 문제입니다. 이 둘 간의 문제만 슬기롭게 해결 할 수 있다면 아마 세상 문제의 대부분은 해결될 것입니다. 두 사람 간의 갈등을 해결할 수 있는 유효한 열쇠가 바로 인(仁)입니다. 사랑, 용서, 이해, 역지사지의 마음이 인(仁)입니다. 사람들과 조화롭게 살아가는데 인은 없어서는 안 될 윤활유입니다.

이 인 위 미　택 불 처 인　언 득 지
里仁爲美　擇不處仁　焉得知

마을에서 인하게 사는 것은 아름다운 것이다. 인을 선택해 그에 처하지 않는다면 어찌 지혜롭다 할 수 있겠는가.

논어, 이인01

048

사랑하는 마음

우리는 사랑하는 사람을 위해서라면 그 어떤 고난도 마다하지 않습니다. 사랑하는 사람과 함께라면 행복한 시간은 그 끝이 없습니다. 장사를 하든 경영을 하든 나라를 이끌어가든 그 기본은 사람에 대한 마음입니다. 고객을 사랑하는 마음, 직원을 사랑하는 마음, 국민을 사랑하는 마음으로 어떤 이익을 취한다면 그는 지혜로운 사람입니다. 고객을 사랑하는 마음, 직원을 사랑하는 마음, 국민을 사랑하는 마음 그 자체로 이미 행복하다면 그는 이미 어진 사람입니다.

불 인 자 불 가 이 구 처 약　불 가 이 장 처 락　인 자 안 인　지 자 리 인

不仁者不可以久處約　不可以長處樂　仁者安仁　知者利仁

인하지 못한 자는 어려움에도 오래 처하지 못하고, 즐거움에도 오래 처하지 못한다. 인자는 인을 편안히 여기고, 지자는 인에서 이로움을 취한다.

— 논어, 이인02

049

사랑도 미움도

어떤 이익이 없더라도 다른 사람을 사랑할 수 있는 사람, 어떤 손해가 있더라도 다른 사람을 미워할 수 있는 사람이 바로 인(仁)의 수양이 되어 있는 사람입니다. 그가 아무리 가족이고 직원이고 우리 국민이라 하더라도 큰 잘못을 행한 사람이라면 그저 감싸주기보다는 꾸짖고 벌할 줄 알아야 합니다. 그래야 그도 살고, 가족도 살고, 회사도 살고, 국가도 살게 됩니다.

유 인 자 능 호 인　능 오 인
惟仁者能好人　能惡人

오직 인한 사람만이 남을 좋아할 수도, 남을 미워할 수도 있다.

― 논어, 이인03

050

상대방 입장으로

인(仁)에 뜻을 두고 있다거나 상대를 정말 사랑하고 있다면 나쁜 짓은 할 수가 없습니다. 팀장이 팀원의 입장이 되고, 팀원이 팀장의 입장이 되면 서로에게 해가 되는 짓은 하지 못합니다. 진실로 상인이 손님 입장이 되고 손님이 상인 입장이 되는 것, 공직자는 시민 입장이 되고 시민은 공직자 입장이 되는 것, 부자는 빈자의 입장이 되고 빈자는 부자의 입장이 되는 것 바로 그것이 인을 실천하는 시작입니다.

구 지 어 인 의 무 악 야
苟志於仁矣 無惡也

진실로 인에 뜻을 두고 있으면, 악행은 없을 것이다.

논어, 이인04

051

뜨거운 인생

공자께서는 정도(正道)로 세상이 바르게만 돌아간다면 그날 저녁에 죽어도 좋다고 했습니다. 단 하루를 살아도 세상의 진리와 인간의 도리를 깨달아 바르게 살고 싶다는 포부입니다. 단 하루를 살아도 바른 세상에서 인간답게 살고 싶다는 말입니다. 뜨거운 열정의 마음으로 그렇게 살다 가신 안중근 의사, 윤봉길 의사, 유관순 열사가 생각나는 문구입니다.

조 문 도　석 사 가 의

朝聞道　夕死可矣

아침에 도를 들으면 저녁에 죽어도 좋다.

― 논어, 이인08

052

세상을 관통하는 진리

공자의 제자였던 증자는 공자의 도를 두 글자로 요약하여 충(忠)과 서(恕)라 했습니다. 도란 스스로에게는 충이요, 남에게는 서입니다. 자기가 할 수 있는 일에는 충심 성의를 다하는 충의 마음으로 임하고, 다른 사람에게는 배려하고 용서하는 서의 마음으로 임해야 한다는 뜻입니다. 내충외서(內忠外恕)의 마음입니다. 자기에게는 엄격하고 다른 사람에게는 온유한 내강외유(內剛外柔)의 마음입니다.

오 도 일 이 관 지　부 자 지 도　충 서 이 이 의
吾道一以貫之　夫子之道　忠恕而已矣

나의 도는 하나로 꿰어져 있다. 스승님의 도는 충과 서일 뿐입니다.

— 논어, 이인15

053

용서하는 마음

안회는 공자께서 가장 사랑했던 제자입니다. 다른 제자들은 하루에 한 번 혹은 한 달에 한두 번 정도 다른 사람을 용서하고 배려하는 사랑의 마음이 생기나, 안회는 세 달 내내 그런 마음이 변치 않았다고 공자의 칭찬을 받았습니다. 사람의 기분 좋을 때는 인의 마음이 어렵지 않지만 기분이 언짢거나 심기가 불편한 날에도 다른 사람에게 인의 마음을 가지는 것은 결코 쉬운 일이 아닙니다. 보통 사람으로서 인의 마음을 갖는다는 게 여간 어려운 일이 아닙니다만 그렇다고 포기해서는 안 될 중요한 것입니다.

회 야 기 심 삼 월 불 위 인 기 여 즉 일 월 지 언 이 이 의
回也 其心三月不違仁 其餘則日月至焉而已矣

안회의 그 마음은 석 달 동안 인을 어기지 않았으나, 그 나머지 제자들은 하루에 한 번이나 한 달에 한 번 정도 인에 이를 뿐이다.

— 논어, 옹야05

054

진정한 리더

인(仁)이란 다른 사람을 용서하고 배려하는 것을 말하기도 하지만, 얻는 것은 좀 뒤로 하고 어려운 일에 솔선수범하는 것을 말하기도 합니다. 아쉽게도 현실은 늘 반대입니다. 일하기 전에 미리 명확한 이해득실을 계산하지 못하면 멍청한 사람으로 취급당하곤 합니다. 일을 시작하기도 전에 자신의 권력과 정보를 이용해 자기 몫부터 두둑이 챙기기에 급급하다면 그 사람은 이미 리더가 아닙니다. 어려운 일을 먼저 하고 얻는 것은 뒤로하는 그런 사람이 진정한 지도자라 할 수 있습니다.

인 자 선 난 이 후 획 가 위 인 의

仁者先難而後獲 可謂仁矣

인자는 어려운 일을 먼저하고 얻는 것을 뒤로하니, 이렇게 하면 어질다고 할 수 있다.

— 논어, 옹야20

055

어지러운 세상

가난 속에서 들불처럼 일어났던 조선 후기의 민란, 일제의 만행, 군대와 총으로 밀어붙인 5.16과 5.18, 서로 미워했던 광화문과 서초동의 민중들, 어지럽고 혼란했던 우리 역사의 한 단면들입니다. 리더의 마음에서 사랑과 용서가 사라질 때, 예나 지금이나 사회는 힘과 패권이 주도하는 어지러운 사회가 됩니다.

호용질빈 난야 인이불인 질지이심 난야
好勇疾貧 亂也 人而不仁 疾之已甚 亂也

용맹을 좋아하거나 가난을 싫어하면 사회는 어지러워지고, 사람이 인하지 못하고 서로 심히 미워하면 사회는 어지러워진다.

— 논어, 태백10

056

내가 시작이다

몸과 마음에 인(仁)을 체득하는 것이 매우 힘들고 버거운 일이지만 불가능한 것은 아닙니다. 누군가는 지금도 어려운 환경에서 사랑을 베풀고 용서하고 있습니다. 한 사람의 생각이 자신을 바꾸고 가족을 바꾸고 사회를 바꾸기 시작합니다. 그 불씨로 인해 나라가 밝아지고 세상은 온기로 가득 차게 됩니다. 그 시작이 바로 나였으면 좋겠습니다. 내가 시작이고 내가 끝이었으면 좋겠습니다.

인 원 호 재 아 욕 인 사 인 지 의
仁遠乎哉 我欲仁 斯仁至矣

인(仁)이 멀리 있는가? 내가 인하고자 하면 이에 인이 이를 것이다.

— 논어, 술이29

057

인을 실천하는 네 가지 행동규범

예(禮)를 통해서 인(仁)을 행하는 네가 규범이 있습니다. 예(禮)가 아니면 보는 것도 듣는 것도, 말하거나 행동하는 것도 조심해야 합니다. 우리가 살아가는 이 시간과 공간은 나의 것이지만 우리의 것이기도 합니다. 그러니 그 시간과 공간을 소중히 하는 것은 나를 위하고 우리를 위한 것입니다. 다른 사람에 대한 무례(無禮)한 행동은 우리의 시간과 공간을 해치는 행위입니다. 그 무례함을 아는 것이 바로 예의입니다. 부끄러움은 상대에 대한 배려의 마음입니다. 배려하고 사랑하는 마음 그게 바로 인(仁)입니다.

비례물시 비례물청 비례물언 비례물동

非禮勿視 非禮勿聽 非禮勿言 非禮勿動

예가 아니면 보지 말고, 예가 아니면 듣지 말며, 예가 아니면 말하지 말고, 예가 아니면 하지 말라.

— 논어, 안연01

058

진정한 지혜

사람들은 대부분 상대를 좋아하면 상대가 잘 되기를 바라고, 싫어하면 못 되기를 바랍니다. 두 사람이 사랑으로 결혼하지만 미움으로 갈라서기도 합니다. 마음에 들 때는 격려와 승진으로 끌어주다가도 싫어지면 무슨 수를 써서라도 눈앞에서 사라지게 합니다. 이미 잘 되기를 바라면서도 또 못되기를 바라는 것이 인간의 모순된 감정입니다. 그게 바로 미혹(迷惑)입니다. 외면의 꾸밈과 감정을 뛰어넘어 진실한 내면을 바르게 보고 바르게 판단하는 것이 진정한 지혜라 할 수 있습니다.

애 지 욕 기 생　오 지 욕 기 사　기 욕 기 생 우 욕 기 사　시 혹 야
愛之欲其生　惡之欲其死　旣欲其生又欲其死　是惑也

사랑할 때는 그 사람이 살기를 바라고, 미워지면 그 사람이 죽기를 바라는 것은 살기도 바라고 죽기도 바라는 것이니 이것이 미혹된 것이다.

— 논어, 안연10

059

생각대로 배운 대로

보통 사람을 비범하게 만드는 방법, 평범한 직장인을 비범한 전문가로 만드는 방법, 일상의 업무를 특별한 강점으로 만드는 방법이 있다면 그것은 무엇일까요? 누구에게나 적용 가능한 사람의 가치를 올리는 확실한 기술, 그것은 바로 배움입니다. 세상은 생각대로 되기도 하지만, 배운 대로 되는 경우가 훨씬 더 많습니다. 직장과 사회가 학교는 아니지만, 학교보다 더 큰 배움이 있는 곳이기도 합니다.

오상 종일불식 종야불침 이사무익 불여학야
吾嘗 終日不食 終夜不寢 以思無益 不如學也

내 일찍이 하루 종일 먹지도 못하고, 밤이 새도록 자지도 못하면서 생각해보았지만 도움 되는 것이 없었다. 배움만 한 것이 없었다.

— 논어, 위령공30

060

쉬고 싶어요

자공이 공자에게 물었습니다. 저는 공부에 지쳤습니다. 그만 쉬면서, 임금이나 섬기고 싶습니다. 이에 공자께서 말씀하셨습니다. 임금을 섬기는 것은 어려운 일인데, 임금을 섬기면서 어떻게 쉴 수 있다는 말이냐?

그렇다면 저는 쉬면서, 부모님이나 섬기고 싶습니다. 이에 공자께서 말씀하셨다. 부모를 섬기는 것은 어려운 일인데, 부모를 섬기면서 어떻게 쉴 수 있다는 말이냐?

그렇다면 저는 쉬면서, 처자와 함께 지내고 싶습니다. 이에 공자께서 말씀하셨다. 처자와 함께 지내는 것은 어려운 일인데, 처자와 함께 지내면서 어떻게 쉴 수 있다는 말이냐?

그렇다면 저는 쉬면서, 친구들과 함께 지내고 싶습니다. 이에 공자께서 말씀하셨다. 친구들과 함께 지내는 것은 어려운 일인데, 친구들과 함께 지내면서 어떻게 쉴 수 있다는 말이냐? 그렇다면 저는 쉬면서, 농사나 짓고 싶습니다. 이에 공자께서 말씀하셨다. 농사를 짓는 일이 어려운 일인데, 농사를 지으면서 어떻게 쉴 수 있다는 말이냐?

그렇다면 저는 쉴 곳이 없다는 말씀입니까? 무덤의 봉분을 바라보아라, 높이 우뚝하고 그릇을 엎어 놓은 것 같구나. 저곳을 보면 쉴 곳을 알 수가 있을 것이다. 자공이 말했다. 위대하도다. 죽음이여, 군자는 쉬게 하고, 소인도 모든 일을 그만두게 되는구나.

망 기 광　고 여 야　전 여 야　력 여 야　차 즉 지 소 식 의
望其壙 皐如也 塡如也 鬲如也 此則知所息矣

무덤의 봉분을 바라보아라, 높이 우뚝하고 그릇을 엎어 놓은 것 같구나. 저곳을 보면 쉴 곳을 알 수가 있을 것이다.

— 순자, 대략59

061

세 가지 죽음

죽음에 이르는 길에는 세 가지가 있습니다. 그중 두 가지는 건강과 관련 있고 다른 한 가지는 마음과 관련이 있습니다. 적절하게 먹고 마시며, 자야 할 때 자고 거처하는 곳이 일정해야 합니다. 나머지 하나는 과도한 욕심을 버리는 것입니다. 건강한 몸과 마음이 죽음을 피하는 방법입니다.

부 침 처 불 시 음 식 부 절 일 로 과 도 자 질 공 살 지
夫寢處不時 飲食不節 逸勞過度者 疾共殺之

잠자는 것과 거처하는 것을 제 때에 못하고, 먹고 마시는 것을 조절하지 못하고, 욕심을 한없이 구하는 자는 죽음을 면치 못한다.

— 공자가어, 오의

도(道)는 길입니다. 어디를 가든 가고 싶은 곳에 다다르려면 반드시 길을 통해야 합니다. 사람이 지나는 길이 인도(人道)입니다. 인도에는 사람들만 다녀야 합니다. 사람들만 다니게 되어 있기도 합니다. 그 규칙이 깨지면 길의 의미가 없습니다. 가고 싶은 곳을 가려면 그 쪽으로 가는 길을 찾아야 합니다.

도(道)는 길입니다. 인간이나 사물에 통하는 보편적인 규칙이나 근원적인 진리를 말합니다. 도(道)는 빛이기도 합니다. 칠흑같이 어두운 그믐날 밤길을 걷는 것보다는, 밝은 달이 높게 뜬 보름날 밤길을 걷는 것이 빠르고 편안합니다. 그 길을 낮에 걸으면 어떨까요? 별빛, 달빛, 햇빛이 도이기도 합니다.

조 문 도　석 사 가 의
朝聞道　夕死可矣

아침에 도를 들으면 저녁에 죽어도 좋다.

▬ 논어, 이인08

도(道)는 길입니다. 하늘은 천도(天道), 인간은 인도(人道), 정치는 정도(正道)를 따라야 문제가 없습니다. 공자께서 세상이 바른 도(正道)로 돌아간다는 말을 들으면 그날 죽어도 좋다고 했습니다.

춘추시대는 전쟁과 격변의 시대였습니다. 날만 새고 나면 백성의 반이 죽어 없어지는 전쟁의 시대, 권력자는 사리사욕에 휩싸여 백성은 안중에도 없고, 신하가 왕을 죽이고 가신이 대부를 죽이는 도가 무너진 시대를 살았던 공자였습니다. 단 하루를 살아도 세상의 진리와 도리를 깨달아 바르게 살고 싶다는 포부이기도 합니다. 단 하루를 살아도 인간다운 세상에 살고 싶다는 말이기도 합니다.

그런 공자가 생각했던 도(道)는 과연 어떤 길이었을까요? 서로 사랑하고 용서하는 마음으로 인간으로서 당연히 가져야 할 양심적인 규율과 외적 규범을 잘 지키는 나라, 사람들 모두가 서로 신뢰할 수 있는 그런 나라, 그런 도(道)가 통하는 사회가 되었다는 소식을 들을 수만 있다면 단 하루를 살아도 좋다는 뜻입니다. 열정의 뜨거운 마음으로 그렇게 살다 가신 안중근 의사, 윤봉길 의사, 유관순 열사가 생각나는 문구입니다.

공자가 살았던 노나라의 마을,
궐리(闕里)

3

성장을 위해

062

사람됨이 먼저다

회사 내에서는 직장예절을 지키고, 만나는 사람들에게 공손해야 합니다. 행동거지는 늘 조심해야 하고 자기가 한 말에는 위아래를 막론하고 책임지는 모습을 보여주어야 합니다. 직장 내의 사람들이나 직장 밖의 사람들이나 최대한 배려와 이해로 인간관계를 확대해 나가야 합니다. 이렇게 먼저 주변 사람들과의 관계 형성에 힘쓴 다음 업무지식을 배워도 늦지 않습니다.

제자 입즉효 출즉제 근이신 범애중이친인 행유여력 즉이학문
弟子 入則孝 出則弟 謹而信 汎愛衆而親仁 行有餘力 則以學文

제자는 집에 들어가서는 효도하고 밖에 나와서는 공손하며, 행실은 삼가고 말은 믿음직해야 한다. 널리 사람을 사랑하며 인자를 가까이해야 한다. 이를 행하고 여력이 있으면 글을 배워야 한다.

— 논어, 학이06

063

절차탁마하라

"스승님, 저는 가난해도 아첨하지 않았고, 부유해도 교만하지 않았는데 이만하면 잘 살아 온 것 아닐까요?"라는 자공의 질문에 공자께서 답하셨습니다. "그렇지. 하지만 가난하면서도 즐거워하고, 부유하면서도 예를 좋아하는 것만은 못하다" 이에 자공이 말합니다. "시경에 이르길 '자르고, 갈고, 쪼고, 문지른다.' 하였는데 바로 이를 두고 한 말이군요."

옥석(玉石)을 가지고 비취를 만드는 방법이나, 리더로서의 삶이나, 학문을 하는 방법이 다르지 않습니다. 돌에서 옥을 캐내듯이 자르고 갈고 쪼고 문지르는 절차탁마(切磋琢磨) 정신이 필요합니다.

시운 여절여차 여탁여마
詩云 如切如磋 如琢如磨

시경에 '자르고, 갈고, 쪼고, 문지른다.' 하였다.

논어, 학이15

064

학습의 정석 (1)

새로운 아이디어를 낸다거나 새로운 것을 만드는 것은 결코 쉬운 일이 아닙니다. 현재 하는 일을 잘 해내지 않고서는 가능한 일이 아닙니다. 그러니 온고지신(溫故知新)이라는 말은 현재 자신의 일에서 전문가가 되자는 말과도 같은 말입니다. 현재의 일에 열중하여 새로운 것을 알아낸다면 이는 다른 사람을 이끄는 리더가 될 만합니다.

온 고 이 지 신　가 이 위 사 의
溫故而知新 可以爲師矣

옛것을 익혀서 새로운 것을 알게 되면 남을 가르치는 스승이 될 수 있다.

— 논어, 위정11

065

학습의 정석 (2)

생각 없이 배우면 얻는 게 없고, 생각은 하지만 배우지 않으면 위태롭게 됩니다. 배우기만 하고 실천하지 않으면 남는 게 없고 생각만 하고 배우지 않으면 그 끝이 위태롭게 됩니다. 일도 그렇습니다. 선배나 상사로부터 일을 배우기만 하고 그 이치를 생각하지 않으면 나중에 혼자서 응용하기가 어렵게 됩니다. 고생 없이 쉽게 배운 것은 그 배움의 결과가 허망할 수 있습니다. 배움에 반복과 실천이 필요한 이유입니다. 또한, 배움 없이 어떤 일을 시작하는 것은 이미 실패를 가지고 시작하는 것과 다르지 않습니다. 큰 투자를 하는 상황이라면 결과는 더욱 위태롭게 될 공산이 큽니다. 공부도 일도 다 그렇습니다.

학 이 불 사 즉 망　사 이 불 학 즉 태

學而不思則罔　思而不學則殆

생각 없이 배우면 얻는 게 없고, 생각만 하고 배우지 않으면 위태롭게 된다.

― 논어, 위정15

066

진정 안다는 것은

정보의 홍수 속에 사는 사람들은 착각하기 쉽습니다. 스치듯 한 번 들은 것을 마치 자신이 알고 있는 것으로 생각하곤 합니다. 한 번 들은 것과 정확히 알고 있는 것은 다릅니다. 모르면서도 알고 있는 것처럼 보이고 싶고, 알면서도 모르는 것처럼 보이고 싶을 때가 있습니다. 아는 것과 모르는 것을 구분하는 힘, 아는 것을 실천하는 힘, 그 힘으로 끊임없이 개선, 개발, 혁신하면서 부가가치를 높여가는 사람이 진정으로 아는 사람입니다.

지 지 위 지 지　부 지 위 부 지　시 지 야
知之為知之　不知為不知　是知也

아는 것을 안다고 하고 모르는 것을 모른다고 하는 것이 진정 아는 것이다.

— 논어, 위정17

067

흔들리지 않는 신념

늘 겸양했던 공자께서도 유독 배움에 있어서만큼은 양보하지 않았습니다. 세상에는 성실하고 믿음직한 사람들이 많겠지만 배움을 좋아하는 것만큼은 누구에게도 지지 않는다는 자신감을 피력했습니다. 다른 사람들의 평가보다는 자신의 믿음과 행동에 관한 흔들리지 않는 신념을 가진다는 것이 얼마나 중요한가를 보여주고 있습니다. 굳은 신념이 최고를 만듭니다.

십실지읍 필유충신여구자언 불여구지호학야
十室之邑 必有忠信如丘者焉 不如丘之好學也

열 집이 모여 사는 작은 마을에도 반드시 나만큼의 성실하고 믿음직한 사람은 있겠지만, 나만큼 배우기를 좋아하는 사람은 없을 것이다.

― 논어, 공야장27

068

2500년 전 교육 개방 정책

자기를 성찰하고 찾아와 최소한의 예를 갖춘 사람이면 누구를 막론하고 가르침을 주었다고 하니 공자학당의 입학엔 문턱이 없었습니다. 태어난 나라가 달라도, 신분 귀천이 달라도, 부귀빈천이 달라도 배우고자 하는 자에게는 계급적 지위에 상관없이 문이 열려있었습니다. 사마천의 사기에 의하면 공자의 제자가 삼천여 명에 이르렀다고 합니다.

자 행 속 수 이 상　오 미 상 무 회 언
自行束脩以上　吾未嘗無誨焉

육포 한 묶음이라도 가지고 와서 예를 갖추면 내 일찍이 누구든 가르쳐 주지 않은 적이 없었다.

■ 논어, 술이07

069

계발

무엇인가 궁금한 것을 밝혀내지 못해 괴로워하는 모습을 보이지 않거나 무엇인가 잘 표현하고 싶어 더듬거리는 상태가 되지 않으면, 공자는 제자를 도와주지 않았습니다. 하나를 가르쳐주면 나머지 세 개는 스스로 알아서 해내는 자세가 보이지 않으면 공자는 제자를 다시 가르치지 않았습니다. 재능이나 사상 등을 열어주고 피게 해주어 일깨워주는 계발(啓發)이라는 단어의 어원이 여기서 시작되었습니다.

불분불계 불비불발 거일우불이삼우반 즉불부야
不憤不啓 不悱不發 擧一隅不以三隅反 則不復也

답답해하지 않으면 일깨워주지 않았고, 표현하려 애쓰지 않으면 밝혀주지 않았다. 하나를 가르쳐 주었을 때 스스로 세 가지를 알아내지 않으면 반복해 가르치지 않았다.

— 논어, 술이08

070

인문교육 네 가지

공자는 주로 문행충신(文行忠信)을 가르쳤습니다. 문(文)은 경전, 예(禮), 악(樂)입니다. 행(行)은 실천, 실행입니다. 충(忠)은 충심, 성심을 말하며, 신(信)은 신뢰, 신의입니다. 공자교육의 7할 이상은 실천 가치였습니다. 지금도 다르지 않습니다. 우리에게 정말 필요한 것은 국영수가 아니라 실행, 신의, 성실입니다. 실무능력이 부족하면 키우면 되지만 인간성이 부족하면 키우기가 어렵기 때문입니다. 좋은 성적에 실행과 신의, 성실까지 더해지면 최고의 인재로 손색없겠지만, 성적 하나만으로는 조직 생활의 미래를 장담하기 어렵습니다.

자 이 사 교　문 행 충 신
子以四教　文行忠信

학문(경전)과 실행(덕행)과 충심(충성)과 신의(신뢰), 공자는 네 가지를 가르쳤다.

논어, 술이24

071

공자가 시경을 편찬할 때

공자는 원래 노래를 좋아했습니다. 제나라를 방문했을 때 순(舜)임금의 음악인 소악(韶樂)을 듣고 3개월 동안이나 고기 맛을 잊어버릴 정도였다고도 했습니다. 공자는 또한 탁월한 연주가이며 뛰어난 작곡가였다는 평가도 받습니다. 옛날 노래를 잘하는 사람을 만나면 노래를 먼저 부르게 하고 따라 부르면서 노래를 모았습니다. 사람들의 바른 인성교육을 위해 당시까지 불려져 내려오던 수천 수의 노래 중에 삼백여 가락을 엄선하여 시경을 편찬했습니다. 번뜩이는 영감과 통찰을 떠오르게 하기 에는 시(詩)처럼 좋은 것이 없다고도 합니다.

자 여 인 가 이 선　필 사 반 지　이 후 화 지
子與人歌而善　必使反之　而後和之

공자께서 사람들과 함께 노래를 부를 때, 누군가 잘하는 사람이 있으면 반드시 다시 부르게 하시고 그런 뒤에 함께 하셨다.

논어, 술이31

072

두려운 마음으로

갈급한 마음과 두려운 마음으로 공부에 임해야 한다고 공자는 간결하게 말합니다. 단 1점 때문에 불합격했다면 그 1점은 그저 1점이 아닙니다. 그것은 100점과도 같은 1점입니다. 그런 갈급한 심정으로 학습에 임해야 함을 말합니다. 단 하나의 기억이 합격과 탈락을 가른다는 마음과, 배운 것을 잃어버릴까 봐 두려워하는 마음으로 평소 학습에 임해야 한다는 말입니다.

학 여 불 급 　 유 공 실 지

學如不及 猶恐失之

학문은 마치 미치지 못할 것 같은 갈급한 마음으로 배움에 임해야 하며, 배운 것을 잃어버릴까 봐 두려워하듯이 배움에 임해야 한다.

— 논어, 태백17

073

강물 같은 시간

공자께서 곡부의 북쪽 강을 바라보며 강물처럼 쉼 없이 흘러가는 세월을 안타까워했습니다. 송나라 주희(朱熹)도 권학문(勸學文)을 통해 세월의 빠름을 안타까워한 기록이 있습니다.

젊은이는 늙기 쉽고 학문은 이루기가 어렵나니,
짧은 시간도 가벼이 여겨서는 안 된다.
연못가 봄풀이 꿈에서 채 깨기도 전에,
계단 앞 오동나무 잎은 벌써 가을 소리를 내는구나

소년이로학난성 일촌광음불가경 미각지당춘초몽 계전오엽이추성
少年易老學難成 一寸光陰不可輕 未覺池塘春草夢 階前梧葉已秋聲

이를 현대를 사는 직장인의 시로 바꾸어본다면 이런 느낌일까요?

직장인은 피곤하고 성공은 이루기가 어렵나니
짧은 시간도 가벼이 여겨서는 안 된다.
입사 축하 박수 소리 채 사라지기도 전에
벌써 퇴직서 쓰는 소리가 들리는구나.

자재천상왈 서자여사부 불사주야
子在川上曰 逝者如斯夫 不舍晝夜

공자께서 강가에서 말씀하셨다. 세월 가는 것이 이와 같구나. 밤낮 쉬질 않네.

— 논어, 자한16

074

교육과 미래

"뛰어난 사람이 백성 가르치기를 7년 정도는 해야 안심하고 전투에 내보낼 수 있다"고 공자는 말했습니다. 뛰어난 리더가 7년 정도는 가르쳐야 나라를 위해 몸과 마음을 다하고 목숨까지도 바칠 수 있는 사람으로 키울 수 있다는 말입니다. 개인의 성장이나 기업 성장의 바탕에는 늘 학습과 교육이 있습니다. 경기가 좋고 안정적일 때 교육하는 것은 누구나 가능합니다. 경기가 좋지 않거나 불안정한 상황에서의 교육은 누구나 가능한 일이 아닙니다. 바른 교육은 시대를 막론하고 늘 정답이었습니다.

이 불 교 민 전　시 위 기 지
以不敎民戰　是謂棄之

가르치지 않은 백성으로 하여금 전쟁에 나가게 하는 것은 그들을 버리는 것이다.

논어, 자로30

075

진정한 사랑

자식을 진정으로 사랑한다면 어렵고 고된 일일지라도 스스로 도전하고 해결할 수 있도록 도와주어야 합니다. 팀원을 진정으로 아낀다면 당면한 문제를 스스로 생각하고 해결할 수 있도록 이끌어야 합니다. 어른들도 실수를 저지를 때가 있습니다. 어른을 충심으로 따른다면 조심스럽게 말씀을 드려 되돌아보게 해야 합니다. 상사들도 마찬가지입니다. 상사를 충심으로 대한다면 상사의 그릇된 지시나 명령에 대해서는 무조건 따르지 말고 부족한 부분을 지적해 주어야 합니다. 이것이 진실한 사랑이고 진정한 충심입니다.

애지 능물로호 충언 능물회호
愛之 能勿勞乎 忠焉 能勿誨乎

사랑한다고 해서, 수고롭게 하지 않을 수 있겠는가? 충성한다고 해서, 깨우치게 하지 않을 수 있겠는가?

▬ 논어, 헌문08

076

배움의 두 갈래 길

톡 쏘는 콜라나 사이다 같은 사람들이 처음에는 박수를 받습니다. 하지만 시간이 지나면서 사람들은 자기의 본색을 드러내지 않을 수 없게 됩니다. 수양이 되어있지 않으면 사람들은 쉽게 천박해 집니다. 작은 유혹에 쉽게 넘어가고, 한 줌 이익 앞에서도 의리나 신뢰를 쉽게 저버리게 됩니다. 기업이나 조직을 위한 실용학습도 필요하지만 나를 위한 곰국 같은 인문학공부도 필요합니다. 자기를 소중히 여기는 사람은 다른 사람도 소중하게 대하기 때문입니다.

고 지 학 자 위 기　금 지 학 자 위 인

古之學者爲己　今之學者爲人

옛날의 배우는 사람들은 자기 수양을 위해서 배웠는데, 오늘날 배우는 사람들은 타인을 위해서 배운다.

논어, 헌문25

077

가르치면 격이 달라진다

가르침에는 차별이 없어야 합니다. 공자는 영어 수학 잘하는 학생, 수도권 학생, 아파트 평수가 넓은 학생, 나이가 어린 학생을 따지지 않았습니다. 가난하거나 부유하거나, 고관대작의 자식이건 천민의 자식이건, 노나라 백성이건 제나라 사람이건, 육포 10조각만 가지고 와서 인사를 하면 모두 제자로 받아들였습니다. 가르치면 종류가 없어지고 격이 달라집니다. 좋은 교육을 받으면 좋은 동창이 됩니다. 의학을 전공하면 의사 그룹이 되고, 법학을 전공하면 변호사 그룹이 됩니다.

유 교 무 류
有敎無類

가르침에는 차별이 없다. 가르치면 종류가 없어진다.

논어, 위령공39

078

지혜로운 사람

인생을 살면서 한두 번 넘어지지 않은 사람이 없습니다. 넘어지는 게 문제가 아니라 넘어진 다음의 행동이 중요합니다. 왜 넘어졌는지, 왜 곤란함을 겪게 되었는지를 생각해보고 다시 한번 도전하는 것이 필요합니다. 살다가 어려움을 겪고서도 배우려고 하지 않는다면 그것만큼 안타까운 일도 없습니다. 곤란함이나 위기를 인생의 벽이 아닌 인생의 디딤돌로 만드는 것이 삶의 지혜이기 때문입니다.

공자께서는 배움을 4단계로 나누었습니다. 나면서부터 아는 사람이 1등급(生而知之者), 배워서 아는 사람이 2등급(學而知之者), 곤경을 겪은 후 배우는 사람은 3등급(困而學之者), 곤경에 처해도 배우지 않으면 최하등급 4등급이 된다고 하면서 공자 스스로도 2등급이라 했습니다.

곤 이 불 학　민 사 위 하 의
困而不學　民斯爲下矣

곤경에 처해도 배우지 않는 사람은 하급이 된다.

— 논어, 계씨09

079

배움의 효능

인자함, 지혜로움, 믿음직, 정직, 용감함, 강직함에 배움이 더해지지 않으면

인자함은 어리석음이 되고, 지혜로움은 방탕함이 되며, 믿음은 남을 해치는 원인이 되고,

정직함은 가혹함으로 바뀌며, 용감함은 난폭함으로 바뀌고, 강직함은 경솔함으로 바뀌게 됩니다.

호인불호학 기폐야우 호지불호학 기폐야탕 호신불호학 기폐야적
好仁不好學 其蔽也愚 好知不好學 其蔽也蕩 好信不好學 其蔽也賊

호직불호학 기폐야교 호용불호학 기폐야란 호강불호학 기폐야광
好直不好學 其蔽也絞 好勇不好學 其蔽也亂 好剛不好學 其蔽也狂

인자함만 좋아하고, 배움을 좋아하지 않으면 어리석게 되고
지혜만 좋아하고, 배움을 좋아하지 않으면 방탕하게 되고
믿음만 좋아하고, 배움을 좋아하지 않으면 해치게 되고
정직만 좋아하고, 배움을 좋아하지 않으면 가혹해지고
용맹만 좋아하고, 배움을 좋아하지 않으면 난폭해지고
강함만 좋아하고, 배움을 좋아하지 않으면 경솔하게 된다.

― 논어, 양화08

080

지혜와 어리석음

읽지도 않고 읽었다 하고 보지도 못하고 보았다 하고, 듣지도 못하고 들었다 하며 하지도 않고 했다고 하는 사람이 많습니다. 책 제목만 보고서 그 책을 읽었다 하고 포스터만 보고서 그 연극을 보았다 하며, 소문만 듣고서도 확실하다 하며 시작하지도 않고 마치 끝낸 것처럼 말하는 경우가 적지 않습니다.

시 시 비 비 위 지 지 　비 시 시 비 위 지 우

是是非非謂之知　非是是非謂之愚

옳은 것을 옳다 하고, 그른 것을 그르다 하는 것을 지혜라 하고 옳은 것을 그르다 하고, 그른 것을 옳다고 하는 것을 어리석음이라 한다.

순자, 수신

081

배움의 시효

바야흐로 평생학습의 시대입니다. 조직의 최고 경영진도 정확하게 조언을 해주는 전문가가 없으면 정도(正道)를 잃기 쉽습니다. 중간 리더나 팀장들도 주변에서 바르게 조언해주는 팀원들이 없다면 정도를 잊어버리기 쉽습니다. 활을 만들 때는 활처럼 생긴 도지개 나무를 대야하고, 나무도 먹줄을 받은 뒤에야 곧게 잘려 건축의 자재로 쓰게 됩니다. 이것이 죽는 날이 돼서야 배움을 멈추어야 하는 이유입니다.

부 인 군 이 무 간 신 즉 실 정　사 이 무 교 유 즉 실 청　목 수 승 즉 직　수 간 즉 성

夫人君而無諫臣則失正　士而無教友則失聽　木受繩則直　受諫則聖

임금도 간하는 신하가 없으면 정직함을 잃기 쉽고, 선비도 가르쳐주는 친구가 없으면 들은 것을 잊어버리기 쉽다. 나무도 먹줄을 받은 뒤에야 곧게 되고, 간하는 말을 들어야 성인이 된다.

— 공자가어, 자로초견

절차탁마하라

온고지신(溫故知新), 과유불급(過猶不及), 살신성인(殺身成仁), 극기복례(克己復禮), 오일삼성(吾日三省). 논어에는 우리에게 이미 익숙한 사자성어들이 많습니다. 절차탁마(切磋琢磨)도 그중 하나입니다. 돌에서 귀한 보석을 만드는 과정으로 원석을 자르고 줄로 쓸고 끌로 쪼고 숫돌로 간다는 뜻의 절차탁마는 원래 시경(詩經)의 위풍편(衛風篇)에 나오는 말인데 논어(論語) 학이편(學而篇)에서 공자의 제자인 자공이 이를 인용해서 유명해진 말입니다.

자공왈 빈이무첨 부이무교 하여
子貢曰 貧而無諂 富而無驕 何如
자왈 가야 미약빈이락 부이호례자야
子曰 可也 未若貧而樂 富而好禮者也
자공왈 시운 여절여차여탁여마 기사지위여
子貢曰 詩云 如切如磋如琢如磨 其斯之謂與
자왈 사야시가여언시이의 고저왕이지래자
子曰 賜也始可與言詩已矣 告諸往而知來者

자공이 말했습니다. "가난해도 아첨하지 않고, 부유해도 교만하지 않다면 어떻겠습니까?"

공자께서 말씀하셨습니다. "괜찮다. 그러나 가난하면서도 도를 즐거워하고, 부유하면서도 예를 좋아하는 것만은 못하구나."

자공이 말했습니다. "시경에 이르기를 자르고, 갈고, 쪼고, 문지르는 것 같다고 했는데 바로 이를 두고 한 말이군요."

공자께서 말씀하셨습니다. "사야, 비로소 너와 시를 논할 수 있겠구나. 한 가지 도리를 일러주었더니 다른 도리까지 미루어 아는구나."

자공(子貢)은 위나라 사람으로 성은 단목端木, 이름은 사賜, 자는 자공子貢으로 공자보다 31세가 적었습니다. 공문십철孔門十哲의 한 사람으로 언변과 외교술이 뛰어났습니다. 언변이 화려하고 상업에도 능하여 춘추시대 거부 중의 하나가 되었습니다. 자공은 자신의 사업과 경력을 바탕으로 외교무대에서도 크게 활약하여 노나라와 위衛나라에서 재상을 지냈으며 공자가 죽자 그는 무덤 옆에 여막을 치고 6년을 살았다고 합니다.

자공의 질문에는 이런 의도가 있었습니다.

"저는 어려서 매우 가난했습니다. 하지만 그 누구에게도 아첨하지 않았습니다. 불만이 없는 것은 아니었지만 주어진 환경을 탓하지 않고 성실히 일한 결과 적지 않은 부를 일구게 되었습니다. 부자가 되었습니다만 지난 어려웠던 시절을 생각하여 교만을 부리는 않았습니다. 스승님, 제가 이렇게 살아왔다면 저는 배우기를 좋아한 사람이라고 말 할 수 있을까요?"

공자가 잠시 생각을 하더니 빙그레 웃으면서 자공에게 말했지요.

“사야, 잘 살아왔구나. 그것도 괜찮지만 가난하면서도 즐겁게 살고 부유하면서도 예(禮)를 좋아하는 것보다는 못하다고 나는 생각한다. 가난하지만 그 가난함을 인정하면서도 즐거운 마음으로 살아갈 수 있다면 그게 더 멋진 인생이라 생각한다. 부유하면서도 다른 사람에게 뽐내지 않고 사는 것도 쉬운 일은 아니지만 조금 더 절도 있는 모습을 보인다면 사람들로부터 더 많이 존경받는 리더가 될 수 있기에 하는 말이다.”

“스승님, 지금 하신 말씀은 더 노력하라는 말씀이지요? 시경에 이런 시가 있음을 알고 있습니다. 옥석을 가지고 옥 반지를 만들 때 톱으로 돌을 자르고, 자른 돌을 줄로 갈고, 반지 모형을 만들기 위해 정으로 쪼고, 다시 모래 이로 윤이 나게 문지르라는 시가 있습니다. 지금 스승님이 저에게 내린 말씀이 바로 이를 두고 하신 말씀이 아니신지요? 절차탁마하라. 이 말씀이지요?”

공자께서 자공의 말을 듣고 크게 흡족해하시면서 한마디를 더 했습니다.

“기특하구나. 사(賜)야, 이제 너와 함께 시(詩)를 말할 수 있게 되었구나. 지난 일을 말해주니 앞일을 예견하고, 오래된 옛 시를 통해 미래를 통찰하는구나!”

절차탁마는 돌 속에 묻힌 옥으로 보석을 만드는 4단계 공정 순서입니다. 옥이 섞여 있는 널찍한 돌덩이를 가져다가 먼저 톱으로 돌을 자르는 것을 절(切)이라 하고, 쓸 만한 옥을 찾아내어 옥 주변의 돌을 줄로 갈아내어 불순물을 없애는 것을 차(磋)라 하며, 옥을 쪼아 무늬 같은 것을 새겨 넣어 가락지나 팔찌 등을 만드는 것을 탁(琢)이라 하고, 완성된 옥을 다시 반들반들하게 문질러 빛이 나게 하는 것을 마(磨)라고 합니다. 즉 절차탁마는 상아나 옥 돌 따위를 깎고 갈고 닦아서 빛을 낸다는 뜻으로 학문을 힘써 갈고 닦음의 비유합니다.

한 장의 글을 쓸 때도 혹은 한 권의 책을 쓸 때도 필요한 것이 절차탁마입니다. 맨 먼저 무엇에 관해서 쓸 것인가를 선택해야 합니다. 우리가 많은 것을 글로 쓸 수는 있지만 많은 것을 써내는 것은 그리 만만한 것이 아니기 때문입니다. 톱으로 잘라내듯 주제를 정리하여 과감하게 잘라내고 잘할 수 있는 부분을 선택하여 글이나 책의 주제로 잡아야 합니다. 두 번째로 해야 할 일은 주제에 집중하는 일입니다. 줄로 쓸어 갈아내듯 사설을 줄이고 주제에 합당한 소재들을 선택하여 글을 써나가는 일입니다. 세 번째로는 정으로 끌로 옥을 다듬듯 다양한 사례를 준비하여 글에 활력을 불어넣는 일입니다. 반복적인 주장이나 외침보다는 그것을 간접적으로 보여줄 수 있는 적절한 현실사례들을 찾아내어 글로 만들어야 합니다. 그리고 마지막으로 숫돌로 칼을 갈아내듯 윤기 나는 문장을 만들기 위해 마지막 노력을 다해야 합니다. 절차탁마입니다.

누구보다도 리더의 길이 바로 절차탁마의 길입니다. 리더는 늘 스스로를 되돌아보면서 모나는 것이 있으면 깎아내고, 부족함이 있으면 갈고 닦아 더욱 빛을 내려고 노력하는 사람입니다. 부족해서가 아니라 더 나은 사람이 되기 위해 절차탁마를 하는 사람이 바로 리더입니다.

공자를 모신 사당인 공묘(孔廟)로 들어가는 첫 번째 문.
청나라 건륭제(乾隆帝)가 공자에 대한 존경심을 만인궁장(萬仞宮牆,
공자의 현명함은 다른 사람의 만 배 이상이다)라 칭했다.

4

리더를 위해

082

리더의 첫 번째 조건은 학습

사람들은 대부분 리더가 되고 싶어 합니다. 리더가 되는 첫 번째 관문은 학습입니다. 먼저 스스로 서야, 다른 사람을 이끌 수 있기 때문입니다. 배경 없는 사람이 일어설 수 있는 최고의 방법 역시 학습입니다. 학습은 성장의 기쁨을 주는 행복한 삶의 등뼈와도 같습니다. 그래서 논어의 일성도 학습이었습니다.

학 이 시 습 지　불 역 열 호

學而時習之　不亦說乎

배우고 때때로 익히니 기쁘지 아니한가?

논어, 학이01

083

리더의 두 번째 조건은 사람

리더의 두 번째 조건은 사람들과 함께하는 것입니다. 사람은 사람들과 함께 할 때 진짜 즐거움이 시작됩니다. 뜻을 같이하는 사람들이라면 더욱 행복한 일이 됩니다. No라고 할 때 그에게 다가가 Yes를 만들어내는 리더는 행복합니다. 사람들과 함께하는 것이 늘 즐거운 일은 아니지만 즐거운 일로 만들어내는 사람이 리더입니다. 가정이나 조직이나 모두 마찬가지입니다.

유 붕 자 원 방 래 불 역 락 호
有朋自遠方來 不亦樂乎

친구가 먼 곳에서 오니 즐겁지 아니한가.

― 논어, 학이1

084

리더의 세 번째 조건은 주도성

리더의 세 번째 조건은 주도성입니다. 다른 사람들이 알아주든 알아주지 않든 자신과 조직의 목표를 위해 흔들림이 없어야 합니다. 남들이 알아주지 않더라도 노여워하거나 서운해하지 않는 건강한 마음을 가지고 있어야 합니다. 일희일비에 흔들림 없이 사람을 품어주는 그런 사람이 바로 리더입니다.

인 부 지 이 불 온 불 역 군 자 호
人不知而不慍 不亦君子乎

남이 알아주지 않아도 서운해하지 아니하니 군자가 아니겠는가.

— 논어, 학이01

085

리더의 자중감

리더는 자기 스스로를 중히 여기는 자중감과 자존감이 있어야 하며 스스로 중요한 존재라는 것을 알고 있어야 합니다. 자중감이 없으면 속으로나 겉으로나 떳떳함을 드러내기가 어렵습니다. 자존감이 있어야 겸손하면서도 당당한 모습을 보일 수 있게 됩니다. 자중감이 없으면 배워도 배움이 견고하게 되지 못하고, 다른 사람의 주장이나 의견에 쉽게 빠져들게 됩니다. 다른 사람 앞에 서는 리더는 늘 자신의 일에 최선을 다하면서 사람들과의 관계에는 신뢰를 유지해야 합니다.

군자부중즉불위 학즉불고 주충신

君子不重則不威 學則不固 主忠信

군자가 자중하지 않으면 위엄이 없고, 배워도 학문이 견고하지 않게 된다. 충실함과 신의를 중심으로 삼아야 한다.

― 논어, 학이08

086

리더의 호학

바른 식습관으로 건강을 유지하는 사람, 편안함보다는 건강한 긴장을 유지하는 사람, 일에는 민첩하고 치밀하며 성실한 사람, 말은 신중하며 행동을 앞서지 않는 사람, 또 다른 리더를 찾아 배우고 정진하는 사람, 그가 바로 진정한 리더입니다. 학문을 즐겨 하고 배우기를 좋아한다는 리더가 부귀와 권력에 목을 매고 있다면 그건 겉으로만 배우기를 좋아하는 가짜 리더일 확률이 높습니다. 말과 행동이 다르다면 그는 가짜 리더가 분명합니다.

군자식무구포 거무구안 민어사이신어언 취유도이정언
君子食無求飽 居無求安 敏於事而愼於言 就有道而正焉
가위호학야이
可謂好學也已

군자가 먹음에 배부름을 구하지 않으며, 거처함에 편안함을 바라지 않으며, 일에는 민첩하고 말은 신중히 하며, 도 있는 자에게 나아가 자신을 바르게 한다면, 배움을 좋아한다고 말할 수 있을 것이다.

— 논어, 학이14

087

시경은 사무사

2500여 년 전 백성들의 생활과 감성에 좋은 영향을 주는 300여 편의 대중가요를 정리해 놓은 노래집이 바로 시경(詩經)입니다. 시경을 한마디로 표현하자면 사무사(思無邪)입니다. 시경에는 그 어떤 사(邪)함, 간사함, 사악함, 그릇됨이 없다는 뜻입니다. 그런 사특함이 없는 노래를 지속적으로 듣고 성장하기를 바라는 공자의 숨은 전략이 시경을 만들게 된 이유였습니다.

시삼백 일언이폐지 왈 사무사
詩三百 一言以蔽之 曰 思無邪

시경詩經 삼백 편을 한마디로 요약하면, '생각에 사악함이 없는 것(思無邪)'이다.

논어, 위정02

088

실행이 답이다

제자인 자공이 군자에 대해서 물었을 때 공자가 말했습니다.

"먼저 행하고 나중에 말을 해야 한다."

먼저 솔선수범을 보인 다음 그 결과를 바탕으로 말을 하는 사람이 진짜 리더입니다. 말보다 행동을 앞세우면 사람들은 말을 하지 않아도 그 리더를 따를 것입니다. 리더는 먼저 실행하고 그 실행을 바탕으로 말하는 사람들입니다.

선 행 기 언　이 후 종 지
先行其言 而後從之

말에 앞서 행하고, 나중에 그 결과에 따라 말을 하라.

— 논어, 위정13

089

리더의 자격

사람을 차별하며 평등하게 대하지 않는 사람들이 많습니다. 하지만 리더는 사람들을 대할 때 차별하지 않고 평등하게 대합니다. 사람들을 편 가르며 두루두루 대하지 않는 사람들도 많습니다. 하지만 리더는 두루두루 고르게 대하면서 편을 가르지 않습니다. 겉으로는 두루두루 평등하게 보이지만 속으로는 차별하면서 편 가르기에 능한 사람은 진짜 리더가 아닙니다.

군 자 주 이 불 비　소 인 비 이 부 주

君子周而不比 小人比而不周

군자는 두루 대하며 비교하지 않지만, 소인은 비교하면서 두루 대하지 않는다.

■ 논어, 위정14

090

성공으로 이끄는 리더

직원들을 진심과 성심으로 대한다면 직원들은 존경하는 마음으로 경영자를 대할 것입니다. 경영자가 솔선수범하여 리더들을 잘 이끌고 아랫사람들을 사랑으로 대해준다면 직원들은 충심으로 일할 것입니다. 경영자가 리더다운 리더를 채용하여 조직을 이끌게 하고 직원들의 교육에 힘을 쓰게 한다면 성공적인 기업으로 오랫동안 남을 것입니다.

림 지 이 장 즉 경　효 자 즉 충　거 선 이 교 불 능 즉 권
臨之以莊則敬 孝慈則忠 擧善而敎不能則勸

백성에게 대함에 위엄이 있으면 존경할 것이며, 효도하고 인자하면 충성할 것이며, 선한 사람을 등용하여 선하지 않은 사람을 가르치면 서로 선을 권장하게 될 것이다.

— 논어, 위정20

091

인간관계의 핵심 고리

소의 멍에 끝에 채가 없거나 말의 멍에에 거는 갈고리가 없다면 소나 말에 수레를 이을 수가 없습니다. 그러면 어떻게 수레를 끌 수 있겠습니까? 인간의 믿음과 신뢰는 사람 노릇을 제대로 하게 하는 멍에 채와 멍에 갈고리와 같은 것입니다. 인간관계에도 그런 핵심 고리가 매우 중요합니다. 신뢰라는 핵심 고리가 허술하면 만사가 물거품이 되는 경우가 다반사이기 때문입니다.

인 이 무 신　부 지 기 가 야　대 거 무 예　소 거 무 월　기 하 이 행 지 재
人而無信　不知其可也　大車無輗　小車無軏　其何以行之哉

사람이 신의가 없으면 그의 가능성을 알지 못한다. 큰 수레에 멍에 채가 없고 작은 수레에 멍에 갈고리 걸이가 없는 격이니, 그렇게 되면 어떻게 수레가 굴러갈 수 있겠는가.

— 논어, 위정22

092

비겁함의 정의

의를 알면서도 의를 행하지 못하는 가난한 사람들도 있지만 의를 알면서도 의를 행하지 않는 권력자들이 많습니다. 그런 힘 있는 사람들을 보면 용기가 없는 것인지, 의를 보지 못하는 것인지 궁금합니다. 용기가 없는 것인지 의를 보려고 하지 않는 것인지 궁금합니다. 용기가 없는 것인지 의를 모르는 것인지 답답합니다. 그러면서 리더라고 뽐내는 그들은 분명 용기 없는 사람들입니다.

견 의 불 위　무 용 야
見義不爲　無勇也

의를 알면서도 행하지 못함은 용기가 없기 때문이다.

— 논어, 위정24

093

사람이 인하지 못하면

사랑하지도 않으면서 사랑하는 것처럼 거짓으로 행동하는 것은 더 큰 실망을 가져옵니다. 상사를 인정하지도 않으면서 존경하는 섯처럼 위선적으로 행동하는 것은 더 큰 문제를 만들고 맙니다. 사랑하는 마음도 없으면서 세레나데를 부르는 것은 어떤 흑심이 있기 때문입니다. 서로 인정하지도 못하면서 회식 후 함께 어울려 노래방에서 노래를 부르는 것은 서로에게 곤욕일 뿐입니다.

인 이 불 인　여 례 하　인 이 불 인　여 악 하

人而不仁　如禮何　人而不仁　如樂何

사람이 인하지 않으면 예는 무엇이며 음악은 무엇인가.

— 논어, 팔일03

094

너그럽지 못한 리더

세상이 평등해 보이지만 평등한 세상은 아직 얼었습니다. 예나 지금이나 보통 사람들을 무시하고 대수롭지 않게 여기는 위정자들이 있습니다. 윗자리에 있으면서도 너그럽지 못한 밴댕이 소갈딱지 관료들, 수많은 사람을 죽음으로 몰아넣고서도 눈 하나 깜짝하지 않는 가짜 리더들이 있습니다. 힘 있을 때 관용을 베풀 줄 아는 위정자와 리더, 슬픔을 진정으로 공감할 줄 아는 위정자와 리더가 지금 절실합니다.

거상불관 위례불경 임상불애 오하이관지재

居上不寬 爲禮不敬 臨喪不哀 吾何以觀之哉

윗자리에 있으면서 너그럽지 못하고, 예를 행하면서 공경하지 못하며, 초상에 임해서도 슬퍼하지 않는다면 내가 무엇으로 그를 보겠는가?

논어, 팔일26

095

유혹에 쌓인 독

적지 않은 사람들이 부와 권력을 얻기 위해 수단과 방법을 가리지 않고 부정을 저지르고 있습니다. 적지 않은 사람들이 수단과 방법을 가리지 않고 빈곤에서 벗어나려 하고 있습니다. 달콤한 유혹은 늘 사람들의 판단력을 흐리게 합니다. 달콤한 유혹의 함정엔 언제나 치명적인 독이 기다리고 있습니다. 부정한 방법으로 얻은 것은 항상 사달이 나게 마련입니다. 돈과 명예가 그렇습니다. 어떤 것이든 도를 넘치면 탈이 나게 되어 있습니다.

부여귀 시인지소욕야 불이기도득지 불처야
富與貴 是人之所欲也 不以其道得之 不處也
빈여천 시인지소오야 불이기도득지 불거야
貧與賤 是人之所惡也 不以其道得之 不去也

부귀는 누구나 원하는 것이지만 정당한 방도로 얻은 것이 아니면 누리지 말고, 빈천은 누구나 싫어하는 것이지만 정도로 주어진 게 아니더라도 버리지 말아야 한다.

— 논어, 이인05

096

팀원은 팀장을 닮아

동생은 형을 닮고, 후배는 선배를 닮고, 팀원은 팀장을 닮습니다. 잘하는 것도 닮고 잘못하는 것도 닮습니다. 유유상종의 모습입니다. 특히 그의 과실이나 허물을 보면 그가 속한 무리를 미루어 짐작게 합니다. 하나의 실수나 과실이 그에게서만 끝나지 않습니다. 그가 잘못하면 그의 형이 욕을 먹고, 그의 선배가 욕을 먹고, 그의 팀장이 욕을 먹게 됩니다. 무리의 선택권이 스스로에게 있을 때 특히 유의해야 합니다. 시간이 지나면서 점점 유유상종이 되기 때문입니다.

인 지 과 야 각 어 기 당

人之過也 各於其黨

사람의 허물은 저마다 그가 속한 무리를 따른다.

논어, 이인07

097

잘 보이기만을 고집한다면

사람들은 누구나 멋지고 세련된 모습을 보여주고 싶고, 맛있고 몸에 좋은 음식을 먹고 싶어 합니다. 그것은 리더나 보통 사람들이나 마찬가지입니다. 하지만 상황이 좋지 않아 허름한 옷을 입어야 하고 거친 밥을 먹어야 할 때가 있습니다. 그 상황이 부끄럽고 견디기 어렵다면 그는 그냥 보통 사람의 모습입니다. 그 상황을 극복해야 할 대상으로 삼아 묵묵히 견디면서 나갈 수 있다면 그는 뜻을 가진 리더라 볼 수 있습니다.

사 지 어 도　이 치 악 의 악 식 자　미 족 여 의 야
士志於道　而恥惡衣惡食者　未足與議也

도에 뜻을 두고도 허름한 옷과 거친 음식을 부끄러워하는 사람과는 이야기할 만하지 못하다.

논어, 이인09

098

의를 따라야 리더다

보통의 사람들은 사람을 사귈 때 자기와 취향이 비슷한 사람만 좋아하고 다른 사람들은 배척하는 경향이 있습니다. 보통의 경영자는 자기와 비슷한 성향을 지닌 직원들만 남기게 되어 다양성을 잃고 업무성과 또한 저조하게 만들고 맙니다. 비슷한 사람만 모이면 자기들만의 테두리에 갇히게 됩니다. 앞서가는 경영자는 개인의 취향이 아닌 의를 기준으로 공정 공평한 잣대로 직원들을 선발하고 업무를 평가합니다.

군 자 지 어 천 하 야 무 적 야 무 적 야 의 지 여 비

君子之於天下也 無適也 無莫也 義之與比

군자는 천하의 일을 함에 꼭 그래야만 한다거나, 그렇지 않아야 한다거나 함이 없다. 오직 의를 따를 뿐이다.

— 논어, 이인10

099

리더의 생각

군자는 덕행, 규범, 법을 준수하면서 남을 위해 봉사할 자세를 가지며, 잘못했으면 벌을 받아야 한다고 생각합니다. 소인은 혜택, 토지, 편안한 처소, 이익만을 생각하고, 잘못을 저지르고도 처벌 대신 은혜를 베풀어주기를 바랍니다. 사회규범과 법을 지키며 봉사와 덕행을 실천하는 사람이 리더입니다. 편안함과 자신의 이익만을 생각하고 내 집, 내 땅, 내게로 오는 혜택만을 생각하는 사람은 보통 사람입니다.

군 자 회 덕　소 인 회 토　군 자 회 형　소 인 회 혜
君子懷德　小人懷土　君子懷刑　小人懷惠

군자는 덕을 생각하고 소인은 땅을 생각한다. 군자는 법도를 생각하고 소인은 혜택만 생각한다.

– 논어, 이인11

100

정의로운 **리더**

리더는 의로움과 정의에 밝고, 보통 사람은 이익과 잇속에 밝습니다. 훌륭한 경영자는 정의와 정도를 따르고 보통 경영자는 이익과 손해를 따릅니다. 누구든 공공의 옳고 바른 것을 추구하면 리더가 되고, 사사로운 사익에 탐닉하면 보통 사람이 됩니다. 대통령이든 보통 사람이든 사익과 돈에 집착하면 그냥 보통 사람이 됩니다.

군 자 유 어 의　소 인 유 어 리
君子喻於義　小人喻於利

군자는 의리에 밝고, 소인은 이익에 밝다.

논어, 이인16

101

리더의 말과 행동

리더의 말은 신중하고 행동은 민첩해야 합니다. 말보다 행동을 먼저하고 그에 따라 말을 해야 합니다. 함부로 말하지 않는 리더들은 말을 못 해서가 아니라 그의 말이 행동을 따르지 못할 것을 부끄러워하기 때문입니다. 많은 것을 듣되 의심스러운 부분은 빼놓고 그 나머지를 가려 말하면 허물이 줄어듭니다. 리더의 말이 청산유수일 필요는 없습니다. 얼핏 보면 조금 어눌한 듯 들려도 그 말속에 책임과 신뢰가 들어 있는 말이 바로 리더의 말입니다.

군 자 욕 눌 어 언 이 민 어 행

君子欲訥於言而敏於行

군자는 모자라는 듯이 말을 하고 행동은 민첩하게 해야 한다.

― 논어, 이인24

102

공자의 꿈

어떤 세상을 만들고 싶은가를 묻는 제자 자로의 물음에 '노인들에게는 편안함을, 친구들에겐 믿음을 주고, 젊은이는 사랑으로 품어주고 싶다'고 말하는 대답에서 공자의 소박하고 따듯한 마음을 느낍니다. 혼자 즐거운 세상이 아닌 모든 세대가 함께 행복한 세상을 꿈꾸었던 공자의 소망에서 춘추시대의 각박함을 잊게 합니다.

노 자 안 지　붕 우 신 지　소 자 회 지

老者安之　朋友信之　少者懷之

노인은 편안하게 해드리고, 친구에겐 미덥게 대하고, 젊은이는 사랑으로 감싸주고 싶다.

▬ 논어, 공야장25

103

문질빈빈

내면의 바탕이 외면의 꾸밈을 이기면 촌스럽습니다. 역으로 꾸밈이 바탕을 이기면 번지르르합니다. 꾸밈과 바탕이 조화를 이룬 뒤에야 군자라고 할 수 있습니다.

자신의 실력을 믿고 무례와 오만을 일삼는 사람이 있는가 하면, 외모의 화려함을 내면이 받쳐주지 못하는 사람도 있습니다. 실력은 천재인데 행색은 개차반인 사람이 있고, 행색은 영화배우인데 실력은 개차반인 사람이 있습니다. 사람은 겉모습보다 내면이 중요하지만, 내면의 아름다움에 적절한 외면을 갖춘다면 이가 바로 진짜 리더입니다. 디자인도 아름답고 내부 기능도 뛰어난 제품이 진짜 명품입니다.

문 질 빈 빈　연 후 군 자
文質彬彬　然後君子

꾸밈과 바탕이 조화를 이룬 뒤에야 군자라고 할 수 있다.

— 논어, 옹야16

104

정직한 삶의 편안함

확실치 않은 근거나 허위 데이터로 만든 보고서가 당장은 면피가 될지 몰라도, 그것으로 인해 가슴 졸이며 살아갈 하루하루는 좌불안석입니다. 감옥 같은 삶의 연속일 것입니다. 언제 터질지 모를 불안감에 편안한 삶은 거기서 멈추게 됩니다. 정직한 삶이 마음 편안한 삶입니다. 사람을 대할 때도 마찬가지입니다. 정직함과 진실함이 없는 관계는 눈을 감고 운전하는 것이나 마찬가지입니다. 부정함을 알아차린 상대와 예전과 같은 관계를 유지하기란 거의 불가능하기 때문입니다.

인 지 생 야 직　망 지 생 야 행 이 면
人之生也直　罔之生也幸而免

사람의 삶은 정직이니, 그것 없이 사는 것은 요행으로 (화를) 면한 것이다.

논어, 옹야17

105

리더의 절제

리더는 부지런히 배워 관련 분야의 지식을 넓혀가야 하며, 배운 것을 현실에 맞게 재구성하고 체계화를 시킬 수 있어야 사람들을 바르게 이끌 수 있습니다. 지식과 지위가 아무리 높다 해도 예절과 겸손의 절제함이 없으면 그 자리에서 오래가지 못합니다. 그러니 안으로는 부지런히 배워 지식을 넓히고 배운 것을 규범에 맞게 요약하면서, 밖으로는 예의에 어긋나지 않는 행동을 할 수 있어야 진정한 리더라 할 수 있습니다.

군 자 박 학 어 문 약 지 이 례 역 가 이 불 반 의 부

君子博學於文 約之以禮 亦可以弗畔矣夫

군자가 널리 글을 배우고 예로써 요약한다면 도에 위배되지 않을 것이다.

— 논어, 옹야 25

106

최고를 유지하는 비결

호학(好學), 배우기를 좋아함에 있어서 그 누구에게도 지지 않는다고 장담했던 공자였지만, 실행에 있어서는 아직 갈 길이 멀다고 겸손하게 말했습니다. 최고의 경지에 올라도 스스로를 겸손하게 생각하는 리더는 더 높이 발전하지만, 스스로에 만족하는 리더는 이제 내려오는 길밖에 없음을 알아야 합니다.

문 막오유인야 궁행군자 즉오미지유득
文 莫吾猶人也 躬行君子 則吾未之有得

학문에 있어서는 아마도 내가 남들과 같을 수 있겠지만, 몸소 실천하는 군자에는 아직 이르지 못하고 있다.

논어, 술이32

107

소통하는 리더

현명한 리더는 자기만의 생각이나 주장에서 벗어나 편견 없는 마음을 유지해야 하며, 어떤 것을 반드시 해야 하겠다는 절대적 생각보다는 유연한 통합의 마음이 필요합니다. 끝까지 자기 생각만을 고집하는 마음보다는 상대의 의견을 존중하며, 자기만 옳다는 생각에서 벗어나야 합니다. 아상, 아집, 고집, 독선 이 네 가지가 바로 리더의 원활한 소통을 막는 장벽입니다. 소통에는 역지사지(易地思之)가 늘 정답입니다.

자 절 사　무 의　무 필　무 고　무 아

子絶四　毋意　毋必　毋固　毋我

공자께서는 억측, 반드시 해야 하겠다는 마음, 고집, 자기만 옳다는 생각을 끊어버리셨다.

— 논어, 자한04

108

준비하는 자가 리더다

자공이 공자에게 물었습니다.

"여기 아름다운 옥이 있다면 감추어 두겠습니까, 아니면 좋은 값에 파시겠습니까?"

공자가 답했습니다.

"팔 것이다. 나는 좋은 값을 기다리는 사람이다."

공자를 옥으로 비유해 세상에 나가 정치를 하시겠냐는 자공의 질문에 공자는 자신을 알아줄 군주를 기다리고 있다고 말하고 있습니다. 공자는 늘 준비하여 기다리고 있었습니다. 드디어 공자는 오십 대 초반에 작은 읍의 관리로 나가 얼마 지나지 않아 노나라의 대사구(법무부장관)가 되었습니다.

아 대 가 자 야
我待賈者也

나는 좋은 값을 기다리는 사람이다.

논어, 자한13

109

리더와 환경

공자가 구이(九夷)로 가 살고 싶어 하자 어떤 사람이 말하기를 "그 곳은 누추한 곳인데 어찌하시려고요?"라고 하자 "군자가 사는데 무슨 누추함이 있겠는가?"라고 공자가 말했습니다.

리더가 환경을 가려서 되겠는가? 중앙의 안전지대에서 편안하게 사람들을 이끄는 것도 의미 있지만, 편벽한 환경의 먼 지방이라 해서 뭐가 문제가 되겠는가? 아무리 열악한 곳이라 해도 리더가 머물면 멋진 곳으로 변 할 것이기에 하루지유(何陋之有) 리더가 사는데 어찌 누추함이 있겠는가? 리더는 그것을 만들어내는 사람입니다.

군 자 거 지 하 루 지 유
君子居之 何陋之有

군자가 사는데 어찌 누추함이 있겠는가.

▬ 논어, 자한14

110

덕은 리더의 과제

남자가 여자를 좋아하고 여자가 남자를 좋아하는 것은 노력하지 않아도 자연스럽게 생기는 감정입니다. 하지만 덕(德)이란 인간의 도리를 행하려는 바른 마음으로 어짊, 의로움, 효성, 우애, 충심, 신의, 관용, 용서, 공손, 공경하는 마음입니다. 그러니 덕이란 감정에 인위적인 노력이 들어가야 가능한 것으로 그만큼 어렵습니다. 덕이란 리더가 끝없이 추구해야 할 중요한 과제입니다.

오 미 견 호 덕 여 호 색 자 야
吾未見好德如好色者也

나는 덕을 좋아하기를 색을 좋아하듯 하는 사람을 보지 못하였다.

논어, 자한17

111

학습 인성 근성

지자불혹 知者不惑,

지식과 지혜가 있다면 의혹과 흔들림이 줄어듭니다.

인자불우 仁者不憂

서로 사랑하고 서로 용서한다면 걱정이 줄어듭니다.

용자불구 勇者不懼

강한 체력에 강한 의리가 더해진다면 두려움이 줄어듭니다.

지자불혹 知者不惑, 지식과 지혜는 학습으로

인자불우 仁者不憂, 사랑과 용서는 인성으로

용자불구 勇者不懼, 체력과 의리는 근성으로 키워가는 리더가 큰 리더입니다.

지자불혹 인자불우 용자불구
知者不惑 仁者不憂 勇者不懼

지자는 미혹되지 않고, 인자는 근심하지 않으며, 용자는 두려워하지 않는다.

논어, 자한28

112

빅 리더가 되는 단계

동창이라 해도 전공이 모두 같을 수는 없으며, 전공이 같다고 해도 모두 같은 곳에서 일할 수는 없으며, 함께 일한다 해도 모두 같이 승진하여 리더가 되는 것은 아닙니다. 스승이 같아도 졸업 이후 모두 바른길을 가는 것은 아니며, 함께 바른길을 간다 해도 모두 리더로 서는 것은 아니며, 바른 리더로 선 사람들 모두가 대중을 이끄는 빅 리더가 되는 것은 아닙니다. 정치를 공부하고 정치의 길을 간다고 해서 모두 훌륭한 정치인으로 서게 되는 것은 아닙니다. 정치인이 된다고 해서 모두 권력을 잡는 것도 아닙니다. 바른 교육과 바른 길로 바르게 서야 권도를 잡게 됩니다. 바른 교육과 바른 길로 바르게 선 사람이 권도를 잡아야 합니다.

가여공학 미가여적도 가여적도 미가여립 가여립 미가여권
可與共學 未可與適道 可與適道 未可與立 可與立 未可與權

함께 배울 수는 있지만, 함께 도를 행하는 데로 나아갈 수는 없으며 함께 도에 나아갈 수는 있어도, 함께 설 수는 없으며, 함께 설 수는 있어도, 함께 권도를 행할 수는 없다.

논어, 자한29

113

리더의 따뜻한 가슴

어느 날 공자의 마구간에 불이 났습니다. 공자는 사람이 다치지 않았는지에 대해 물었지만, 말에 대해서는 묻지 않았습니다. 당시 말이 아무리 필수적 이동 수단이고 없어서는 안 될 수단이지만 사람보다 중요하지는 않다는 것을 말하고 있습니다. 작은 접촉사고에도 사람보다는 자동차 찌그러짐에 더 가슴 아파하는 요즘 세태를 되돌아보게 합니다.

상 인 호 　불 문 마
傷人乎 不問馬

사람이 다쳤느냐? 말에 대해서는 묻지 않았다.

— 논어, 향당12

114

리더의 에티켓

자신을 위해 일하고 있는 운전 기사에게 언어폭력, 신체폭력을 자행하는 모양만 리더인 몇몇 부자들이 사람들의 마음을 아프게 합니다만 대다수의 선량한 시민들은 그와 반대입니다. 버스를 탈 때는 반드시 똑바로 서서 손잡이를 잡습니다. 많은 사람이 함께 타고 있는 버스 안에서는 이리저리 두리번거리지 않고, 오랫동안 시끄럽게 통화하지도 않습니다. 다른 사람들에게 불편을 끼치거나 에티켓에 어긋나는 행동을 알기 때문입니다.

승거 필정립 집수 거중불내고 부질언 불친지
升車 必正立 執綏 車中不內顧 不疾言 不親指

수레에 오르실 때는 반드시 똑바로 서서 손잡이를 잡으셨다. 수레 안에서는 안으로 돌아보지 않으셨고, 빠르게 말하지 않았으며, 직접 손가락질을 하지 않으셨다.

■ 논어, 향당16

115

과유불급

평소 사람 평하기를 좋아하던 자공이 공자에게 물었습니다.

"선생님, 자장과 자하 중에서 누가 더 현명합니까?"

공자께서 대답하셨습니다.

"자장은 좀 지나치고, 자하는 미치지 못한다."

자공이 다시 물었습니다.

"그러면 자장이 더 낫습니까?"

공자께서 말씀하셨습니다.

"지나친 것은 미치지 못하는 것과 같다."

지나친 것이나 부족한 것이나 마찬가지입니다. 지나친 관심이나 부족한 관심이나 아이를 망치기는 마찬가지입니다. 많이 먹거나 적게 먹거나 몸을 해치기는 마찬가지입니다. 지나친 관심이나 부족한 관심이나 사람을 피곤하고 힘들게 하는 것은 마찬가지입니다.

과 유 불 급
過猶不及

지나친 것은 미치지 못하는 것과 같다.

논어, 선진15

116

부끄러움을 안다는 것은

시인 윤동주 '서시'의 일부입니다.

죽는 날까지 하늘을 우러러
한 점 부끄럼이 없기를
잎새에 이는 바람에도
나는 괴로워했다.

부끄러움을 안다는 것은 자기를 이기는 가장 큰 용기입니다. 성찰과 반성을 통해 부끄러움이나 꺼림칙한 것을 줄여나가는 사람이 바로 리더입니다. 그런 리더는 일의 추진 과정에서 발생하는 근심과 두려움을 슬기롭게 이겨냅니다.

군 자 불 우 불 구 내 성 불 구* 부 하 우 하 구
君子不憂不懼 內省不疚 夫何憂何懼

군자는 근심하거나 두려워하지 않는다. 안으로 반성하여 꺼림칙한 것이 없다면, 무엇을 근심하고 무엇을 두려워하겠는가?

― 논어, 안연04

* 내성불구(內省不疚): 마음속으로 반성해 부끄러움이 없다.

117

리더와 못난 사람

함께하는 사람의 장점을 키워주고 단점을 줄이는데 최선을 다하는 사람, 남의 아름다운 일은 이루도록 해주는 사람이 리더입니다. 함께하는 사람을 성장시키는 사람이 바로 리더입니다. 그런데 함께하는 사람의 단점을 찾아내고 장점을 깎아내리는데 열중하는 사람이 있습니다. 악의를 가지고 경쟁하면서 발전보다는 뒷다리를 잡고 있다면 그는 못난 사람입니다.

군 자 성 인 지 미　불 성 인 지 악　소 인 반 시

君子成人之美　不成人之惡　小人反是

군자는 다른 사람의 좋은 점을 이루어지도록 해주고, 다른 사람의 나쁜 점은 이루어지지 않게 해준다. 소인은 이와 반대이다.

논어, 안연16

118

윗물이 맑아야

노나라의 정치를 쥐락펴락했던 계강자가 정치에 대해 물었을 때 공자께서 이렇게 말했습니다. 정치란 바로잡는 것입니다. 당신이 솔선해서 올바르게 한다면 누가 감히 바르지 않겠습니까? 사회를 바른길로 이끄는 것이 바로 정치의 본질입니다. 그러니까 정치를 하겠다는 리더는 먼저 자기가 바르게 된 후 다른 사람을 바르게 하는 사람입니다. 힘과 권력을 가진 리더 스스로가 바른길을 가고 있다면 그 누가 부정의 길로 가겠습니까? 政者, 正也. 입니다.

이처럼 윗물이 맑아야 아랫물도 맑습니다. 윗물이 탁하면 아랫물도 탁해집니다. 회장이 맑아야 경영진이 맑습니다. 회장이 탁하면 경영진이 탁해집니다. 팀장이 맑아야 팀원이 맑습니다. 팀장이 탁하면 팀원이 탁해집니다. 가장이 맑아야 자식이 맑습니다. 가장이 탁하면 자식이 탁해집니다.

정자 정야 자솔이정 숙감부정
政者 正也 子帥以正 孰敢不正

정치란 바로잡는 것입니다. 대부께서 올바름을 보인다면 누가 감히 바르지 않겠습니까?

― 논어, 안연17

119

부화뇌동

자기 생각이나 주장 없이 남의 의견에 동조하는 것을 부화뇌동(附和雷同)이라 합니다. 리더는 다른 사람을 소중하게 생각하기 때문에 다른 사람이 자기와 똑같아지기를 바라지 않습니다. 리더는 조화와 화합으로 주어진 역할을 잘 수행합니다. 리더는 부화뇌동하지 않습니다.

세상엔 이익에 따라 움직이며 편 가르기를 좋아하는 사람들이 많습니다. 이들은 다른 사람들이 자기와 똑같아지길 바라고 마치 한 몸이라도 된 것처럼 행동하지만 그 외의 사람들과는 조화를 이루지 못합니다. 이런 사람이 큰 리더가 되는 경우는 없습니다.

군 자 화 이 부 동　소 인 동 이 불 화
君子和而不同　小人同而不和

군자는 어울리지만 같아지기를 바라지 않고, 소인은 똑같아지길 바라지만 어울리지 못한다.

━ 논어, 자로23

120

리더의 자세

뚜렷한 목표로 마음을 다잡고 있어 마음이 안정되고 편안한 사람들이 있습니다. 이들은 대체로 교만하지 않습니다. 뚜렷한 목표가 없어 마음이 조석으로 바뀌고 마음의 안정과 평화를 유지하기가 어려운 사람들도 있습니다. 이들은 대체로 상황에 따라 교만해지거나 비굴해집니다.

군 자 태 이 불 교　소 인 교 이 불 태
君子泰而不驕　小人驕而不泰

군자는 태연하면서도 교만하지 않고, 소인은 교만하면서도 태연하지 못하다.

― 논어, 자로26

121

부끄러운 일

나라가 공정하게 돌아가는데도 아무런 성과도 내지 못하고 그저 월급이나 받아 챙기면서 붙어있는 것은 부끄러운 일입니다. 나라가 엉망진창, 무법천지로 돌아가는데도 거기서 월급을 받으면서 붙어있는 것도 부끄러운 일입니다. 열심히 하면 충분히 성과를 낼 수 있는 좋은 시스템을 가지고 있으면서도 아무런 성과도 내지 못하고 그저 월급이나 받아 챙기면서 붙어있는 것은 부끄러운 일입니다. 법망을 피해 불법을 저지르고 있는 곳에서 아무런 거리낌 없이 월급을 받으면서 붙어있는 것 역시 부끄러운 일입니다.

방유도 곡 방무도 곡 치야

邦有道 穀 邦無道 穀 恥也

나라에 도가 살아있는 데도 녹만 받고, 나라에 도가 없는데도 녹을 받는 것이 바로 부끄러운 일이다.

논어, 헌문01

122

리더라 하기에 부족하다

사장이 편안하게 지낼 것만 생각한다면 사장이라고 하기엔 부족합니다. 팀장이 편안하게 지낼 것만 생각한다면, 팀장이라고 하기엔 부족합니다. 사원이 편안하게 지낼 것만 생각한다면, 사원이라고 하기엔 부족합니다. 리더가 편안하게 지낼 것만 생각한다면, 리더라 하기엔 부족합니다.

사 이 회 거　부 족 이 위 사 의
士而懷居　不足以爲士矣

선비가 편안하게 지낼 것을 생각한다면, 선비라고 하기에 부족하다.

― 논어, 헌문03

123

당당한 말과 겸손한 말

정상 국가의 시민들은 언행을 당당하게 하여 개인과 국가의 발전에 힘을 쓰면 되지만, 비정상 국가에서는 언행을 조심해야 합니다. 특히 말을 가려 공손히 하지 않으면 화를 피하기 어렵기 때문입니다.

정상적으로 운영되는 기업의 직원들은 언행을 당당하게 하여 개인과 기업의 발전에 힘을 쓰면 되지만, 정상적인 시스템이 아닌 독단적인 경영자에 의해 운영되는 기업의 직원들은 언행을 조심해야 합니다. 특히 말을 가려 공손히 하지 않으면 화를 피하기 어렵기 때문입니다.

방 유 도　위 언 위 행　방 무 도　위 행 언 손
邦有道　危言危行　邦無道　危行言孫

나라에 도가 있으면 말이나 행동을 당당하게 하고, 나라에 도가 없을 때는 행실은 당당하게 하되 말은 공손해야 한다.

— 논어, 헌문04

124

열 가지 마음

덕(德)이란 인간의 도리를 행하려는 어질고 바른 마음입니다. 덕에는 다음의 열 가지 마음이 들어 있습니다. 인(仁) 어진 마음, 의(義) 의로운 마음, 효(孝) 효성스런 마음, 우(友) 우애 깊은 마음, 충(忠) 정성스런 마음, 신(信) 책임을 지는 마음, 관(寬) 너그러운 마음, 서(恕) 용서하는 마음, 공(恭) 공손한 마음, 경(敬) 공경하는 마음을 의미합니다. 그러니 덕이 있는 사람의 말에는 열 가지 마음이 녹아있지만, 말 하나를 잘한다고 해서 열 가지 마음이 생기는 것은 아닙니다.

유 덕 자 필 유 언　유 언 자 불 필 유 덕
有德者必有言　有言者不必有德

덕이 있는 사람은 반드시 말도 잘하지만, 말 잘하는 사람이 반드시 덕이 있는 것은 아니다.

― 논어, 헌문05

125

훌륭한 리더의 조건

훌륭한 리더는 함께하는 사람들을 사랑하고 타인의 고통을 자기 고통으로 느끼는 어진 마음을 가지고 있는 사람입니다. 그런 마음을 가지고 있지 못한 리더는 기필코 오래가지 못합니다. 사람을 사랑하지 못하고 사람을 용서하지 못하는 그런 사람은 결코 리더가 되어서는 안 됩니다. 그런 사람이 훌륭한 리더가 되는 경우는 결코 없습니다.

군 자 이 불 인 자 유 의 부　미 유 소 인 이 인 자 야
君子而不仁者有矣夫　未有小人而仁者也

군자이면서 인하지 못한 사람은 있어도, 소인이면서 인한 사람은 없다.

논어, 헌문07

126

말을 책임지려면

작은 머뭇거림이나 얼굴색 하나 변하지 않으면서 당당히 말하는 사람치고, 자신이 한 말을 끝까지 책임지는 사람이 적습니다. 이미 유명한 정치인도 기업인도 리더 중에도 그런 사람이 적지 않습니다. 이는 예나 지금이나 다르지 않습니다. 그래서 공자는 이렇게 가르쳤습니다. "군자는 자신의 말이 실천보다 넘치는 것을 부끄러워해야 한다." 리더는 실천할 수 없는 허풍이나 큰 소리를 특히 조심해야 한다는 말입니다.

기 언 지 부 작 　즉 위 지 야 난
其言之不怍 則爲之也難

자신의 말에 부끄러움을 느끼지 않는다면, 그 말을 실천하는 것도 어렵다.

― 논어, 헌문20

127

리더가 성장하는 이유

리더는 배움을 좋아하고 정도(正道)를 지켜나가기를 힘쓰기 때문에 날이 갈수록 발전하지만, 보통 사람은 재물과 사익에만 마음을 두어 날이 갈수록 각박하고 비루해집니다. 리더는 근본을 바탕으로 큰 뜻을 펴나가지만 보통 사람은 지엽적인 것에 집중하고 작은 것에 얽매이게 됩니다. 리더는 인의(仁義)를 기준으로 발전하여 덕에 통달하지만 보통 사람은 사사로운 이익과 욕심으로 소중한 시간을 허비하고 맙니다.

군 자 상 달　소 인 하 달

君子上達　小人下達

군자는 위로 통달하고 소인은 아래로 통달한다.

논어, 헌문24

128

위를 바라보는 리더

군자는 위를 보며 살고 소인은 아래를 보며 삽니다. 리더는 위를 보며 살고 보통 사람들은 아래를 보며 삽니다. 리더는 역지사지의 마음으로 사람들을 대하며 옳고 그름의 기준으로 사람들을 이끌어 가지만, 보통 사람은 이익이 있으면 만나고 이익이 없어지면 헤어지는 삶을 살아갑니다. 리더는 많은 사람에게 이익이 되는 것에 관심을 두지만, 보통 사람은 자신의 현실적인 문제에 집중되어 발전보다는 현실 유지에 급급하게 됩니다.

군 자 상 달　소 인 하 달

君子上達　小人下達

군자는 위로 통달하고 소인은 아래로 통달한다.

논어, 헌문24

129

시정잡배와 리더

동서고금을 막론하고 리더가 가져야 할 덕목으로 언행일치만큼 기본이 되는 것이 없지만 이를 잘 지키는 리더의 수는 손을 꼽을 만큼 드물기만 합니다. 사원의 언행일치를 바란다면 사장이 먼저 언행일치가 되어야 합니다. 시민의 언행일치를 바란다면 시장이 먼저 언행일치가 되어야 합니다. 자식의 언행일치를 바란다면 부모가 먼저 언행일치가 되어야 합니다. 약속을 지키지 못하는 사람은 시정잡배에 불과합니다. 그들은 리더가 아닙니다.

군 자 치 기 언 이 과 기 행

君子恥其言而過其行

군자는 자신의 말이 그 행동을 넘어서는 것을 부끄러워한다.

— 논어, 헌문27

130

리더의 업무 수행 4단계

리더는 일을 할 때 올바름과 의로움을 바탕으로 삼아야 합니다.

리더는 일을 할 때 보편적인 규범과 법칙에 어긋나지 않아야 합니다. 리더는 일을 할 때 겸손한 언행으로 이끌어야 합니다.

리더는 일을 할 때 책임과 신의로써 완성해야 합니다.

군 자 의 이 위 질　예 이 행 지　손 이 출 지　신 이 성 지

君子義以爲質　禮以行之　孫以出之　信以成之

군자는 의를 바탕으로 삼고, 예로써 그것을 실행하며, 겸손하게 그것을 드러내고, 신의로써 그것을 이룬다.

■ 논어, 위령공17

131

남이 나를 알아주지 않더라도

남이 알아주지 않아도, 노여워하지 않는다면 군자답지 아니한가?
(人不知而不慍不亦君子乎 인부지이불온불역군자호)

남이 알아주지 않음을 걱정하지 말고, 남을 알지 못함을 걱정하라.
(不患人之不己知 患不知人也 불환인지불기지 환부지인야)

남이 알아주지 않음을 걱정하지 말고, 그 능하지 못함을 걱정하라.
(不患人之不己知, 患其不能也 부환인지불기지 환기불능야)

군 자 병 무 능 언　불 병 인 지 불 기 지 야
君子病無能焉　不病人之不己知也

군자는 무능을 병으로 여기지, 다른 사람이 자기를 알아주지 않음을 병으로 여기지 않는다.

논어, 위령공18

132

리더는 사람을 탓하지 않는다

잘못의 원인을 타인이나 외부요인으로 돌려 그들을 책망하거나 그것을 원망하는 사람들이 많습니다. 하지만 리더는 스스로를 책망하면서 잘못의 원인을 자기에게서 찾으려 노력합니다. 남을 탓할수록 발전은 멀어지고 스스로를 되돌아보지 않을수록 뒤처지게 된다는 것을 알기 때문입니다.

군 자 구 저 기　소 인 구 저 인

君子求諸己　小人求諸人

군자는 자기에게서 찾고, 소인은 남에게서 찾는다.

— 논어, 위령공20

133

긍지를 갖되 다투지 마라

그만한 능력도 없으면서 남을 깔보는 것은 교만한 사람입니다. 리더는 그런 교만한 사람이 아니라 당당한 실력과 긍지를 가진 사람입니다. 사리사욕으로 인함 다툼이 없는 사람이 리더입니다. 함께 어울려 시너지를 내지만 개인적 이익을 위한 파벌을 만들지 않는 사람이 진정한 리더입니다.

군 자 긍 이 부 쟁 군 이 부 당
君子矜而不爭 群而不黨

군자는 긍지를 갖되 다투지 않고, 여럿이 어울려도 파벌을 이루지 않는다.

논어, 위령공21

134

리더의 식견

리더는 사람을 쓰고 평가하는 전문성을 키워야 합니다. 다른 사람의 말 몇 마디를 듣고 사람을 채용하거나, 그 사람을 옳다 그르다 평가해서는 안 됩니다. 어떤 사람이 좀 그르다 해서 그가 했던 바른말이나 의견까지 무시해서는 안 됩니다. 리더는 사람을 정확히 평가하는 기준을 가져야 하며, 바른 제안이나 의견을 골라내는 식견을 가지고 있어야 합니다.

군 자 불 이 언 거 인 불 이 인 폐 언
君子不以言擧人 不以人廢言

군자는 말만을 근거로 사람을 천거하지 않고, 사람을 근거로 말을 버리지 않는다.

— 논어, 위령공22

135

화려할수록 독이 강하다

그럴듯하게 꾸며대는 교묘한 말은 옳고 그름의 기준을 어지럽게 합니다. 화려하고 달콤한 말일수록 치명적인 독이 숨어 있습니다. 그 크고 작은 언어의 유혹을 참지 못하면 결국 큰일까지 그르치게 됩니다. 사람들의 말을 제대로 알지 못하면 리더가 될 수 없습니다.

교 언 란 덕　소 불 인 즉 란 대 모

巧言亂德　小不忍則亂大謀

교묘한 말은 덕을 어지럽히고, 작은 것을 참지 못하면 큰 계획을 그르치게 된다.

― 논어, 위령공26

136

다양성이 막히면

가짜뉴스가 눈과 귀를 가리는 세상입니다. 뉴스에서 그를 미워하면 나도 모르게 그를 싫어하게 되고, 그를 칭찬하면 나도 모르게 그를 좋아하게 됩니다. 다양성이 막히면 독선으로 고착되어 대화나 토론이 불가능해집니다. 결국 동과 서로 나뉘고 남과 북으로 나뉘게 됩니다.

자기 생각만 내세우고 다른 사람의 의견을 무시하기보다는, 자기의 뜻을 지키면서도 다른 사람의 주장도 허용해야 합니다. 모두가 그를 미워하고 싫어해도 반드시 살펴보아야 하고, 모두가 그를 사랑하고 좋아해도 반드시 살펴보아야 합니다. 모두가 그것을 혐오하고 싫어해도 반드시 살펴보아야 하고, 모두가 그것을 갖고 싶고 좋아해도 반드시 살펴보아야 합니다.

중오지 필찰언 중호지 필찰언
衆惡之 必察焉 衆好之 必察焉

많은 사람들이 미워해도 반드시 살펴보아야 하고, 많은 사람들이 좋아해도 반드시 살펴보아야 한다.

— 논어, 위령공27

137

리더의 자기 점검 아홉 가지

視思明시사명. 볼 때는 명을 생각하라. 한번을 보더라도 분명히, 명확히, 긍정적으로 보라. 聽思聰청사총. 들을 때는 총을 생각하라. 총명하게, 똑똑하게, 상대의 입장에서 들어라. 色思溫색사온. 안색은 온화함을 생각하라. 안색은 부드럽고, 온화하게 하라. 貌思恭모사공. 모습은 공손한가를 생각하라. 외모는 공손하고, 예의 바르게 하라. 言思忠언사충. 말을 할 때는 진실함을 생각하라. 진실하고, 믿음직하며 책임질 수 있는 말을 하라. 事思敬사사경. 일할 때는 경건함을 생각하라. 일에는 일의 소중함, 사람을 모실 때는 존경하는 마음으로 최선을 다하라. 疑思問의사문. 의문이 들 때는 물음을 생각하라. 윗사람이든 아랫사람이든 궁금하면 물어라. 忿思難분사난. 화가 나면 더 큰 어려움을 생각하라. 화나는 일, 분통 터지는 일을 감정에 따라 처리하면 더 큰 일로 번질 수 있으니 늘 조심하라. 見得思義견득사의. 얻는 것이 있으면 의로움을 생각하라. 재물을 보면 의로운 것인가를 생각하라.

군 자 유 구 사

君子有九思

군자는 아홉 가지를 생각해야 한다.

— 논어, 계씨10

138

나는 말하지 않으련다

천하의 공자께서도 이런 말씀을 제자에게 했습니다.

"나는 이제 더 이상 말하고 싶지 않다. 하늘이 무슨 말을 하더냐? 말이 없어도 사계절은 운행되고, 세상 만물은 낳고 자라는데, 하늘이 무슨 말을 하더냐? (予欲無言, 天何言哉 四時行焉 百物生焉 天何言哉)"

스승의 가르침을 이해도 못 하면서 계속 가르침을 달라는 제자들이 야속해서일까요? 아니면 말하지 않아도 사계는 흐르고, 만물 또한 생육을 멈추지 않듯, 천리 대로 살아가면 자연스러운 것인데도 도가 행해지지 않고 있는 춘추시대에 대한 분노일까요?

여 욕 무 언

予欲無言

나는 말하고 싶지 않다.

― 논어, 양화19

139

정치가의 5덕과 4악

군자가 정사를 펼칠 때 지녀야 할 다섯 가지 아름다운 덕이 있습니다.

은혜를 베풀되 낭비하지 말아야 합니다.

백성을 수고롭게 부리지만 원망을 사지 말아야 합니다.

욕망은 있어야 하지만 탐욕을 부리지 말아야 합니다.

태연하되 교만하지 말아야 합니다.

위엄은 있으나 사납지 않아야 합니다.

군자가 정사를 펼칠 때 없애야 할 네 가지 악이 있습니다.

죄지은 사람을 가르치지 않고 죽이는 것을 잔학이라 하고,

먼저 깨우치지 않고 갑자기 성과를 바라는 것을 포악이라 하며,

명령은 태만하게 하고 기한을 재촉하는 것을 도적이라 하고,

당연히 줘야 할 것을 가지고 인색하게 구는 것을 못난 창고지기라 합니다.

존 오 미　병 사 악　사 가 이 종 정 의
尊五美　屛四惡　斯可以從政矣

다섯 가지 미덕을 존중하고, 네 가지 악을 물리치면 정치에 종사할 수 있을 것이다.

― 논어, 요왈02

140

논어의 마지막 당부

명확한 사명이나 뚜렷한 목표 없이 리더가 되는 것은 어렵습니다. 규범이나 예의에 어긋난 사람이 리더로 성공하는 것도 어렵습니다. 사람들의 말의 의미를 이해하지 못하는 리더는 결국 다른 사람들을 알기도 어렵고 통솔하기도 어렵습니다. 그러니 남 앞에 서는 리더는 명확한 목표를 갖고 사람들에게 모범을 보이며 역지사지의 마음을 늘 키워야 합니다.

부지명 무이위군자야 부지례 무이립야 부지언 무이지인야
不知命 無以爲君子也 不知禮 無以立也 不知言 無以知人也

명을 알지 못하면 군자가 될 수 없다. 예를 알지 못하면 일어설 수 없다. 말을 알지 못하면 사람을 알 수 없다.

논어, 요왈03

141

리더의 말

말에 요령이 있어야 지혜로운 리더입니다. 말하는 요령은 의외로 간단합니다. 아는 것은 안다고 하고 모르는 것은 모른다고 하면 됩니다. 상황에 따라서 아는 것도 모른다고 하고, 모르는 것도 안다고 하기 때문에 문제가 생기며 시끄러워지는 것입니다.

군 자 지 지 왈 지 지 　부 지 왈 부 지 　언 지 요 야 　언 요 즉 지
君子知之曰知之 不知曰不知 言之要也 言要則知

군자는 아는 것은 안다고 하고 모르는 것은 모른다고 하는데, 그것이 말하는 요령이며, 말에 요령이 있어야 지혜로운 것이다.

순자, 자도05

142

리더의 행동

리더의 행동 원칙도 의외로 간단합니다. 할 수 있는 것은 할 수 있다 하고, 할 수 없는 일은 할 수 없다고 하면 됩니다. 그것이 행동의 원칙이며 행동에 원칙이 있어야 바른 것입니다. 상황에 따라 할 수 있는 것도 할 수 없다 하고, 할 수 없는 것도 할 수 있다 하여 행동이 꼬여 문제가 생기며 시끄럽게 되는 것입니다. 행동에 원칙이 있어야 뽐내지 않으며 뽐내지 않아야 어질다 할 수 있습니다.

군 자 능 지 왈 능 지　불 능 왈 불 능　행 지 지 야　행 지 즉 인

君子能之曰能之　不能曰不能　行之至也　行至則仁

군자는 할 수 있는 일은 할 수 있다 하고, 할 수 없는 일은 할 수 없다고 하는데 그것이 행동의 원칙이며, 행동에 원칙이 있어야 어진 것이다.

— 순자, 자도05

143

걱정이 적은 이유

리더가 걱정이 적은 삶을 살아가는 데는 다 이유가 있습니다. 최선을 다했던 일이 이루어졌거나 이루어지지 않았거나 모두 긍정적으로 생각하기 때문입니다. 바라던 결과를 얻었을 경우에는 그간의 노고에 감사하며 그 결과를 나누고 처리하는 것을 즐깁니다. 바라던 결과를 얻지 못하였을 때는 그것을 얻으려 열심히 했던 뜻과 과정을 소중히 여기며 주어졌던 기회에 감사를 느낍니다. 그런 연유로 어떤 일을 하든지 즐거움이 크고 걱정이 적은 것입니다.

군 자 기 미 득 야 즉 락 기 의 개 이 득 지 우 락 기 치
君子 其未得也則樂其意 旣已得之又樂其治
시 이 유 종 신 지 락 무 일 일 지 우
是以有終身之樂 無一日之憂

군자는 자기가 바라는 것을 얻지 못하였을 때는 그가 얻으려는 뜻을 즐기고, 바라는 것을 얻은 다음에는 그것을 처리하는 것을 즐긴다. 그런 까닭에 평생 동안 즐거움만 있고, 단 하루도 걱정이 없는 것이다.

순자, 자도07

144

걱정이 많은 이유

사람들이 걱정 많은 삶을 살아가는 데도 다 이유가 있습니다. 최선을 다했던 일이 이루어졌거나 이루어지지 않았거나 모두 부정적으로 생각하기 때문입니다. 바라는 결과를 얻지 못하였을 때는 그간의 노력에도 불구하고 얻지 못한 것에 실망하여 걱정이 깊어집니다. 바라는 결과를 얻었을 경우에는 얻은 것을 잃어버릴까 걱정합니다. 그런 연유로 어떤 일을 하든지 걱정이 크고 즐거움은 적은 것입니다.

소인자 기미득야 즉우부득 개이득지 우공실지
小人者 其未得也 則憂不得 旣已得之 又恐失之

시이유종신지우 무일일지락야
是以有終身之憂 無一日之樂也

소인은 자기가 바라는 것을 얻지 못하였을 때는 얻지 못함을 걱정하고, 바라는 것을 얻은 다음에는 그것을 잃어버릴까 걱정한다. 그런 까닭에 평생 동안 걱정만 있고, 단 하루도 즐겁지 않은 것이다.

— 순자, 자도07

145

리더는 마음을 따른다

사람들은 눈에 보이고 귀에 들리며 손에 잡히는 감각을 더 따르는 경향이 있습니다. 거기에 이런 자기의 판단 기준을 자랑스럽게 생각합니다. 하지만 리더는 눈에 보이고 귀에 들리며 손에 잡히는 감각보다는 마음속의 깊은 뜻과 목표를 가지고 있습니다. 거기에 의리를 바탕으로 열심히 살아 목표를 성취해 내는 사람입니다.

군 자 이 심 도 이 목　입 의 이 위 용　소 인 이 이 목 도 심　불 손 이 위 용
君子以心導耳目　立義以爲勇　小人以耳目導心　不愻以爲勇

군자는 마음으로 귀와 눈을 이끌어 의리를 세워 용감하게 일을 한다. 소인은 귀와 눈으로 마음을 이끌어 불손한 태도를 용감한 일로 안다.

― 공자가어, 호생

146

리더와 호기심

리더는 호기심이 많은 사람입니다. 정보의 빠른 흐름을 따라잡지 못할까 늘 귀를 열어두고 있습니다. 좋은 정보가 있으면 그것을 정확히 배우고 싶어 합니다. 새롭고 유익한 지식과 기술을 현장에 적용해보고 싶어 합니다. 배움에 대한 호기심으로 어제와 다른 오늘을 만들고, 오늘과 다른 내일을 꿈꾸는 그가 바로 리더입니다.

군자삼환 미지문 환부득문 기득문지 환불득학
君子三患 未之聞 患不得聞 旣得聞之 患弗得學

기득학지 환불능행
旣得學之 患弗能行

군자는 세 가지 근심이 있다. 듣지 못한 것이 있을 때는 그것을 듣지 못할까 근심하며, 이미 듣고는 배우지 못할까 근심하며, 이미 배우고 나서는 그것을 능히 행하지 못할까를 근심한다.

— 공자가어, 호생

147

리더와 경계심

발전하는 조직에는 늘 훌륭한 리더가 있습니다. 리더를 중심으로 하나가 되어 그 어떤 어려움도 이겨냅니다. 와해 되는 조직에는 리더 같지 않은 리더가 있습니다. 그는 자리만 차지하고 있어 시간이 갈수록 조직은 무너져만 갑니다. 조직의 발전과 와해는 리더에게 가장 큰 책임이 있습니다. 훌륭한 리더일수록 자신의 언행을 단속하며 사람들에 대한 경계심을 또한 놓치지 않습니다.

주 비 수 불 행　수 입 주 즉 몰　군 비 민 불 치　민 범 상 즉 경
舟非水不行　水入舟則沒　君非民不治　民犯上則傾

배는 물이 아니면 갈 수가 없지만, 물이 배에 들어가면 배는 물에 빠져버리고, 임금은 백성이 아니면 다스릴 수 없지만, 백성이 임금을 범하게 되면 나라는 기울어진다.

— 공자가어, 육본

148

리더의 자기 수신 (1)

자기 몸을 닦는다는 것은 지혜로운 사람, 사람들을 이해하고 사랑하는 사람, 용기 있는 사람이 되고자 노력하는 것입니다. 지혜는 배우기를 좋아하는 데서 시작합니다. 사람을 사랑하는 인성은 바른 행동으로부터 시작됩니다. 용기 있는 사람은 부끄러움이 무엇인지 아는 것으로부터 시작됩니다. 배우기를 좋아하는 마음, 바르게 행동하려는 마음, 부끄러움을 느끼는 마음의 수련이 바로 리더의 자기수신입니다.

호학근호지 역행근호인 지치근호용 지사삼자 즉지소이수신
好學近乎智 力行近乎仁 知恥近乎勇 知斯三者 則知所以修身

배우기를 좋아하는 것은 지혜에 가깝다. 행하기에 힘쓴다는 것은 어진 것에 가깝다. 부끄러움을 안다는 것은 용기에 가깝다. 이 세 가지를 알면 수신하는 것도 알게 된다.

■ 공자가어, 애공문정

149

리더의 자기 수신 (2)

회장 아버지를 두어 고속으로 사장이 사람도 있지만, 배우기를 좋아하고 바른 행동을 익히며 무엇이 부끄러운 일인지를 몸소 터득하여 사장이 되는 사람도 있습니다. 배우기를 좋아하는 마음, 바르게 행동하려는 마음, 부끄러움을 느끼는 마음의 자기 수양이 되면 사람들 앞에 서는 리더가 될 수 있습니다. 사람들을 바르게 이끄는 사장이 되고 그룹의 회장도 될 수 있습니다.

지소이수신 즉지소이치인 지소이치인 즉능성천하구가자의

知所以修身 則知所以治人 知所以治人 則能成天下國家者矣

자기 몸을 닦는 것을 알면, 사람 다스리는 것도 알게 되며, 사람 다스리는 것을 알게 되면, 능히 천하와 국가도 이룰 수 있게 된다.

공자가어, 애공문정

150

리더의 사랑과 지혜

다른 사람을 사랑하고 용서하는 마음이 인(仁)입니다. 이미 밝혀진 순서나 법도대로 일을 진행하는 것이 지혜로운(智) 것입니다. 자기를 위한 것은 가볍게 여기고 약하고 힘없는 사람을 위한 것은 소중히 여기는 사람이 바로 리더입니다.

애근인 도사이행근어지야 위기불중 우인불경 군자야부

愛近仁 度事而行近於智也 爲己不重 爲人不輕 君子也夫

사랑은 인에 가깝고, 법도대로 행하는 것은 지혜에 가까우며, 자기를 위해서는 중히 여기지 않고 남을 위하는 데에는 가벼이 여기지 않는 사람을 군자라고 한다.

— 공자가어, 안회

151

소인(小人)의 정의

다른 사람의 선행과 장점을 헐뜯으면서도 자기가 조리 있게 말을 잘한다고 생각하는 사람이 소인입니다. 남을 속이고 비방하는 교활한 짓을 하는 것을 가지고도 스스로 지혜롭다고 생각하는 사람이 소인입니다. 남의 허물과 과오를 다행으로 생각하는 사람이 소인입니다. 자기가 부족한 것을 부끄러워하면서도 배우기를 싫어하는 사람이 바로 못난 사람, 소인입니다.

훼 인 지 선 이 위 변　교 계 회 사 이 위 지　행 인 지 유 과　치 학 이 수 불 능　소 인 야
毁人之善以爲辯　狡訐懷詐以爲智　幸人之有過　恥學而羞不能　小人也

남의 착한 일을 헐뜯는 것으로 자기가 말을 잘한다고 하며, 남을 속이고 교활한 짓을 하는 것으로 지혜롭다 여기며, 남의 잘못을 다행으로 생각하고, 자기의 무능을 부끄럽게 생각하는 사람을 소인이라 한다.

― 공자가어, 안회

152

리더가 삼가야 할 다섯 가지

자로가 공자 곁을 떠날 때 수레 가득한 선물 대신 받았던 소중한 다섯 마디의 말입니다.

"사람이란 어떤 일을 하든지 강하지 않으면 스스로 통달할 수 없다. 사람이란 어떤 일을 하든지 수고롭게 힘써 일하지 않으면 공을 세울 수 없다. 사람이란 누구를 대하든 충심으로 대하지 않으면 그와 가까워질 수 없다. 사람이란 누구를 대하든 신뢰가 부족하면 그 어떤 보답도 기대할 수 없다. 사람이란 누구를 대하든 공손하지 않으면 예를 잃어버리게 되어 일어설 수가 없게 된다. 그러니 리더는 이 다섯 가지를 늘 삼가야 한다."

불강불달 불노무공 불충무친 불신무복 불공실례 신차오자이의

不强不達 不勞無功 不忠無親 不信無復 不恭失禮 愼此五者而矣

강하지 않으면 통달할 수 없고, 수고치 않으면 공을 세울 수 없으며, 충심이 없으면 친함이 없고, 믿음이 없으면 보답이 없으며, 공손치 않으면 예를 잃게 된다. 이 다섯 가지를 삼가야 한다.

― 공자가어, 자로초견

논어 1편 1장 1절

학 이 시 습 지　불 역 열 호
學而時習之　不亦說乎

배우고 때때로 익히니 기쁘지 아니한가?

▬ 논어, 학이01

사람들은 대부분 리더가 되고 싶어 합니다. 리더가 되는 첫 번째 관문은 학습입니다. 먼저 스스로 서야 다른 사람을 이끌 수 있기 때문입니다. 배경 없는 사람이 일어설 수 있는 최선의 방법 역시 학습입니다. 학습은 성장의 기쁨을 주는 행복한 삶의 등뼈와도 같습니다. 그래서 논어의 일성도 학습이었습니다.

세상살이 1단계의 주체는 나입니다. 내가 세상의 주인입니다. 삶의 주인인 내가 가장 먼저 서야합니다. 내가 배우고 내가 익히는 것을 말합니다. 그 배우고 익힘의 결과는 무엇일까요? 그것은 자기 스스로 느끼게 되는 내면의 기쁨입니다. 그것이 바로 행복한 삶의 시작이지요. 배우고 때에 맞게 익힌다면 진실로 기쁘지 않겠는가? 논어에는 실제로 배움과 실행의 구체적인 명구들이 반복하여 등장합니다.

논어의 첫 글자는 학(學)입니다. 수많은 한자 중에서 하필이면 왜 학(學)이라는 글자로 시작을 했을까요? 배움이란 것을 처음부터 강조한 이유는 무엇일까요? 공자의 제자들이 무엇을 생각했기에 스승의 수많은 어록 중에 學而時習之不亦說乎(학이시습지불역

열호)를 맨 선두에 배치해야만 했을까요? 혹시 열심히 살아보려고 노력하는 사람으로서 할 수 있는 최선의 방법이 배움에 있는 것이라는 것을 가르치려는 의도가 있었던 것은 아닐까요?

공자가 살았던 춘추시대 말기는 그간 500여 년간 유지해오던 주나라의 종법 봉건제도 사회질서가 붕괴되어 가고 있는 시점이었습니다. 천자(天子)가 종법의 막강한 힘을 가지고 제후들을 이끌던 봉건사회 질서가 무너지고 있던 때였습니다. 철기시대를 맞아 소출이 급격히 늘어나는 농업혁명이 일어났고 소득의 증대는 상업 발달로 이어졌지요. 이에 제후들의 힘이 커지자 그동안 하늘처럼 모시던 천자를 무시하고 스스로 패자가 되려는 욕망이 커져만 가던 사회가 춘추시대였습니다. 당시 농업인, 상공인, 선비(士)들은 피지배 계급이었고 천자, 제후, 대부들은 지배계급이었습니다. 사농공상의 피지배 계급 중 사(士)계급만이 유일하게 본인의 능력 여하에 따라 피지배 계급에서 지배계급으로의 신분 상승이 가능했습니다.

공자는 사士계급으로 출생했습니다. 하지만 사기史記를 쓴 사마천은 공자를 천사賤士라고 했습니다. 사는 사인데 비천한 사士계급 출신이라는 것이지요. 비천했던 공자는 20세 이전엔 위리(委吏)와 승전(乘田)으로 일했습니다. 회계 서무업무와 목장에서 가축 기르는 일을 했다는 것이지요. 50세가 넘어서야 중도재中都宰, 사공司空, 사구司寇 대사구大司寇까지 올라갔습니다. 사회적 신분의 사다리로 학습만큼 확실한 것이 없다는 것을 공자의 제자들은 스승을 통해서 알았을 것이고 시대적인 상황과도 맞물려 배움이 란 도구가 그 어떤 것보다 중요한 의미로 다가왔기에 논어 1편 1장의 내용으로 학습學習을 채택했을 것으로 보입니다.

대성전(大成殿))은 자금성(북경),
대묘(태안)와 함께 중국의 3대 전각 중의 하나로
공자의 위패를 모신 사당이다.

공자의 말

2부

我

ǝɯ

5

관계를 위해

153

가짜를 조심해야 한다

어느 조직이나 개인의 이익을 위해 말과 표정을 바꾸어가며 아양을 떠는 사람들이 있습니다. 손바닥 지문이 없어지도록 아부하는 사람들이 있습니다. 앞에서는 달콤한 감언이설과 죽는시늉까지 다 하지만 뒤에서는 배신의 칼을 갈고 있는 이런 가짜들을 조심해야 합니다.

교 언 령 색　선 의 인

巧言令色 鮮矣仁

말을 교묘하게 하고 얼굴빛을 꾸미는 사람치고 어진 사람이 드물다.

논어, 학이03

154

상대의 마음을 얻으려면

상사가 나를 몰라주는 것을 걱정하지 말고 내가 상사를 잘 모름을 걱정해야 합니다. 부하가 나를 몰라주는 것을 걱정하지 말고 내가 부하를 잘 모름을 걱정해야 합니다. 고객이 나를 몰라주는 것을 걱정하지 말고 내가 고객을 잘 모름을 걱정해야 합니다. 아내가 나를 몰라주는 것을 걱정하지 말고 내가 아내를 잘 모름을 걱정해야 합니다. 아이가 나를 몰라주는 것을 걱정하지 말고 내가 아이를 잘 모름을 걱정해야 합니다. 업무가 왜 맞지 않을까를 걱정하지 말고 내가 업무에 관해 잘 모름을 걱정해야 합니다. 현명한 부하가 없다고 걱정하지 말고 부하를 제대로 쓰고 있는가를 걱정해야 합니다. 상대의 마음을 얻으려면.

불 환 인 지 불 기 지　환 부 지 인 야
不患人之不己知　患不知人也

남이 나를 알아주지 않는 것을 걱정하지 말고, 내가 남을 알아보지 못함을 걱정하라.

— 논어, 학이16

155

이익을 따르면 원망이 생긴다

그 누구도 자기 자신, 자기 집안, 자기 회사, 자기 지역, 자기 나라의 이익을 생각하지 않는 사람은 없습니다. 하지만 이것은 혼자 살 때의 원칙입니다. 둘이 살고 함께 사는 세상의 법칙은 조금 달라야 합니다. 이익만을 따라가다 보면 결국 원망이 많아지게 됩니다. 利(리) 자에는 이익이라는 의미와 예리하다는 뜻이 공존합니다. 그 이익이 누군가를 예리하게 찔러 아프게 한 결과로 만들어진 것이라면 더욱 그렇습니다.

방 어 리 이 행 다 원

放於利而行 多怨

이익에 따라 행동하면 원망을 많아진다.

— 논어, 이인12

156

가슴 따듯한 사람

주변에 사람을 모이게 하는 힘은 돈 많고 잘난 사람일 수 있지만, 끝까지 사람들을 남게 하는 것은 인품과 덕이 있는 사람입니다. 한비자의 서슬 시퍼런 법술이 경영에 필요할 때도 있지만, 사람경영의 기본은 인품과 덕을 기준으로 삼아야 합니다. 사람이 있어 없는 덕이 만들어 지는 것이 아니라, 덕 있는 사람 곁으로 사람들이 모여드는 것입니다. 가슴 따뜻한 리더를 사람들은 좋아하기 때문입니다.

덕 불 고　필 유 린
德不孤　必有隣

덕이 있는 사람은 반드시 이웃이 있다.

― 논어, 이인25

157

세상에서 가장 어려운 일은

"다른 사람이 저에게 하지 않았으면 하는 바를, 저 역시 다른 사라에게 하지 않으려 합니다. 저는 다른 사람에게 무시당하지 않았으면 하기에, 저 역시 다른 사람을 무시하지 않으려고 합니다."

이렇게 말하는 제자 자공에게 공자가 한마디 합니다.

"사야, 그것은 네가 그렇게 쉽게 할 수 있는 일이 아니다."

역지사지(易地思之)의 어려움을 말하고 있습니다.

사야 비이소급야

賜也 非爾所及也

사야, 네가 할 수 있는 일이 아니다.

― 논어, 공야장11

성공의 법칙

인(仁)이란 무엇일까요? 어질다는 것은 무슨 뜻일까요? 그것은 사람을 사랑하는 마음입니다. 사람을 용서하는 마음입니다. 상대의 입장에서 생각하는 역지사지의 마음입니다. 자기가 서고 싶으면 다른 사람을 먼저 서게 해주고, 자기가 달성하고 싶으면 다른 사람을 먼저 달성시켜주는 마음입니다. 팀원이 당당하게 서면 팀장은 자연히 당당해지고, 팀원이 먼저 실적을 달성하게 도와주면 팀장의 실적은 자연히 달성되는 이치입니다.

부인자 기욕립이립인 기욕달이달인
夫仁者 己欲立而立人 己欲達而達人

인이란 자기가 서고자 하면 남을 세워주고, 자기가 이루고자 하면 남을 이루게 해주는 것이다.

▬ 논어, 옹야28

159

예는 절제와 중용이다

공손, 신중, 용감, 정직한 것은 사람들이 갖추어야 할 좋은 덕목이지만 여기에 적절한 규범과 절차인 예(禮)가 뒷받침되지 않는다면 문제가 발생합니다. 그저 공손하기만 하면 고생은 고생대로 하면서도 비굴하게 보일 수도 있습니다. 그저 신중하기만 하면 두려워하는 듯한 인상을 주게 됩니다. 모든 일에 용감하기만 하면 일을 더 어지럽게 만들 가능성이 큽니다. 정직하기만 하면 융통성도 없고 꽉 막힌 듯한 인상을 주게 됩니다. 맺고 끊는 규범과 절차인 예가 필요한 이유입니다.

공 이 무 례 즉 로 신 이 무 례 즉 사 용 이 무 례 즉 란 직 이 무 례 즉 교
恭而無禮則勞 愼而無禮則葸 勇而無禮則亂 直而無禮則絞

공손하되 예가 없으면 수고스럽고, 신중하되 예가 없으면 두렵고, 용맹스럽되 예가 없으면 난폭하고, 곧되 예가 없으면 너그럽지 못하다.

논어, 태백02

160

친구에게 하는 충고하는 방법

자공이 공자에게 친구 간의 좋은 관계를 위한 질문을 하자 공자는 이렇게 답했습니다.

"마음을 다해 좋은 쪽으로 잘 이끌어 주되, 그것이 불가능하다면 인도하기를 멈추어 스스로 욕되지 않게 해야 한다."

친구 관계는 쉽고도 어렵습니다. 아무리 가까운 사이라 해도 자주 충고를 하게 되면 서먹서먹해집니다.

충 고 이 선 도 지　불 가 즉 지　무 자 욕 언
忠告而善道之　不可則止　無自辱焉

충심으로 일러주어 잘 이끌어 주되, 가능하지 않다면 멈추어 스스로 욕되지 않게 해야 한다.

— 논어, 안연23

161

지혜롭게 말하는 방법

상의할 만한 사람과 상의하지 않으면 그 사람을 잃게 되고, 상의할 만한 사람이 아닌데도 그 사람과 상의를 하면 시간 낭비와 실언을 하게 됩니다. 충고해 주어야만 하는 사람에게 충언해 주지 않으면 그 사람을 잃게 되고, 충고해 줄 필요가 없는 사람에게 충언해 주면 괜스레 말만 잃게 됩니다. 사람에 대한 처세가 어려운 이유입니다.

가여언이불여지언 실인 불가여언이여지언 실언

可與言而不與之言 失人 不可與言而與之言 失言

함께 말할 만한데도 그 사람과 말을 하지 않으면 사람을 잃게 되고, 함께 말할 만하지 않은데도 그 사람과 말을 하면 말을 잃게 된다.

― 논어, 위령공07

162

박수받는 사람

예나 지금이나 자기에게는 부드러운 잣대를 대어 쉽게 용서하지만, 다른 사람에게는 날카로운 잣대를 들이대 용서치 못하는 것이 세상 인심입니다. 그러니 세상엔 원망이 그치질 않습니다. 자기의 잘못은 엄히 묻고 남의 잘못을 가볍게 묻는다면 훌륭한 리더가 될 것입니다. 나를 대하는 잣대나 다른 사람을 대하는 잣대가 같기만 해도 사람들에게 박수받는 사람이 될 것입니다.

궁 자 후　이 박 책 어 인　즉 원 원 의
躬自厚　而薄責於人　則遠怨矣

스스로에게는 엄중히 책망하고 남에게는 가볍게 책망한다면, 원망이 멀어질 것이다.

논어, 위령공14

163

인생 황금률

제자인 자공이 평생 동안 행할만한 것이 있느냐는 질문에 공자는 이렇게 대답합니다.

"내가 하고 싶지 않은 바를. 다른 사람에게 시키지 마라."

이 말은 곧, 욕 듣는 게 싫으면 욕하지 마세요. 맞는 게 싫으면 때리지 마세요. 속는 게 싫으면 속이지 마세요. 뺏기는 게 싫으면 빼앗지 마세요. 적은 게 싫으면 적게 주지 마세요. 거만한 게 싫으면 거만하지 마세요, 짜증이 싫으면 짜증 내지 마세요. 수 천 년 전이나 지금이나 그리고 수 천 년 후에도 사람들이 잊어서는 안 될 황금률입니다.

기 소 불 욕 물 시 어 인

己所不欲 勿施於人

내가 하고 싶지 않은 바를 다른 사람에게 시키지 마라.

논어, 위령공23

164

지자와 인자는 어떤 사람인가 (1)

지자(知者)와 인자(仁者)에 대한 공자의 질문에 용맹한 제자의 상징이었던 자로는 ‘사람들이 나를 알게 하는 것이 지혜로운 사람이요, 사람들이 나를 사랑하도록 하는 것이 어진 사람’이라 했습니다. 사람들에게 나를 어떻게 알리고 사람들의 사랑을 어떻게 받을 수 있게 하는가에 초점이 있습니다. 타인에서 나에게로 방점을 찍었습니다.

자 로 대 왈　지 자 사 인 지 기　인 자 사 인 애 기　자 왈　가 위 사 의
子路對曰　知者使人知己　仁者使人愛己　子曰　可謂士矣

“지자는 사람들이 자기를 알게 하고, 인자는 사람들이 자기를 사랑하도록 하는 것”이라는 자로의 대답에 공자께서 말했습니다. “가히 선비라 할 수 있구나.”

■ 순자, 子道06章

165

지자와 인자는 어떤 사람인가 (2)

지자(知者)와 인자(仁者)에 대한 공자의 질문에 지혜로운 제자의 상징이었던 자공은 '다른 사람들을 잘 알아보는 것을 지혜라 이르고, 다른 사람들을 사랑하는 것을 어진 사람'이라 했습니다. 내가 사람들을 정확히 볼 수 있는 식견을 지혜라 하고 사람들을 사랑하는 나의 마음을 인자함이라 했습니다. 나에게서 타인으로 방점을 찍었습니다.

자공대왈 지자지인 인자애인 자왈 가위사군자의

子貢對曰 知者知人 仁者愛人 子曰 可謂士君子矣

"지자는 다른 사람들을 잘 알아보고, 인자는 다른 사람들을 사랑하는 사람"이라는 자공의 대답에 공자께서 말했습니다. "가히 사군자라 할 수 있구나."

■ 순자, 子道06章

166

지자와 인자는 어떤 사람인가 (3)

지자(知者)와 인자(仁者)에 대한 공자의 질문에 어진 제자의 상징이었던 안회는 '자신을 잘 아는 것을 지혜라 이르고, 자신을 사랑하는 것을 어진 사람'이라 했습니다. 내가 나를 정확히 볼 수 있는 식견을 지혜라 하고, 내가 나를 사랑하는 마음을 인자함이라 했습니다. 내가 나에게로 방점을 찍었습니다.

안연대왈 지자자지 인자자애 자왈 가위명군자의
顔淵對曰 知者自知 仁者自愛 子曰 可謂明君子矣

"지자는 사람들이 자신을 알고, 인자는 자신을 사랑하는 사람"이라는 안연의 대답에 공자께서 말했습니다. "가히 명군자라 할 수 있구나."

— 순자, 子道06章

167

자신을 단정히 할 수 있는 방법

자신은 상사를 무시하면서 부하에게는 인정받기를 원한다면 이것은 오만한 생각입니다. 자신은 부모에게 효도하지 못하면서 자식에게는 효도하기를 바라는 것도 오만한 생각입니다. 상대에게 인정받기를 원한다면 자신도 상대를 인정해야 하는 것이 서(恕)입니다. 자식에게 효도 받기를 원한다면 먼저 부모에게 효도하는 것이 서(恕)입니다.

서(恕)는 마음이 같아져서 한마음이 되는 것입니다. 오만한 생각과 서(恕)는 반대말입니다.

군 자 유 삼 서　유 군 불 능 사　유 신 이 구 기 사　비 서 야　유 친 불 능 보
君子有三恕　有君不能事　有臣而求其使　非恕也　有親不能報
유 자 이 구 기 효　비 서 야　유 형 불 능 경　유 제 이 구 기 청 령　비 서 야
有子而求其孝　非恕也　有兄不能敬　有弟而求其聽令　非恕也

군자에게는 삼서가 있다. 자기 임금은 잘 섬기지 못하면서, 자기 가신은 잘 부릴 수 있기를 바라는 것은 서가 아니다. 자기 부모에게는 보은하지 못하면서, 자기 자식에게는 효도하기를 바라는 것은 서가 아니다. 자기 형은 공경하지 못하면서, 자기 동생에게는 잘 따르기를 바라는 것은 서가 아니다.

■ 순자, 법행

168

몸가짐을 낮게 해야 하는 이유

자공이 공자에게 물었습니다.

"저는 남보다 몸가짐을 낮게 하고 있사오나, 그렇게 하는 이유를 모르겠습니다."

공자가 말씀하셨습니다.

"그것은 마치 땅과 같은 것이다. 그곳을 깊이 파면 단 샘물이 솟아난다. 거기에 심기만 하면 오곡이 무성해지고, 풀과 나무가 자라나며, 새와 짐승도 거기에서 생육하고 살아있는 것들은 그 위에서 있으며, 죽으면 그 속으로 들어간다. 그 공로는 많으나 은덕은 내세우지 않는다. 남보다 몸가짐을 낮게 하는 사람은 마치 땅과 같은 것이다."

위 인 하 자 기 유 토 야

爲人下者其猶土也

남보다 몸가짐을 낮게 하는 사람은 마치 땅과 같은 것이다.

― 순자, 요문

169

관계를 지속시키는 비결

비 오는 날 공자께서 외출하려 했으나 마침 우산이 없었습니다. 제자들이 우산은 자하에게 있다고 하자 공자는 제자들에게 이렇게 말했습니다.

"자하는 재물에 인색한 것이 좀 흠이다. 그가 자진해서 가져오지 않는 우산을 내가 가져오라 하면 그것은 자하의 단점을 밖으로 밝히는 것이 된다. 내가 듣기로 사람들과의 관계에서 서로가 장점을 말해주고 단점을 부각시키지 않아야 그 교류가 오래 된다고 들었다."

누구에게나 장점과 단점이 있습니다. 좋은 관계를 유지하고 싶다면 그의 장점을 주로 말하고, 관계를 끊고 싶다면 그의 단점만을 반복하여 말하면 됩니다.

오문여인교 추기장자 위기단자고능구야
吾聞與人交 推其長者 違其短者故能久也

사람들과 교제하는데 있어 그 장점을 추켜 세워주고, 그 단점을 숨겨주면 교재가 능히 오래 계속된다고 내 들었다.

― 공자가어, 치사

170

그의 친구를 보라

자기보다 나은 사람과 놀기를 좋아하는 사람은 나날이 발전하고, 자기보다 못한 사람과 놀기를 좋아하면 나날이 퇴보합니다. 꽃을 파는 사람에게선 향기가 나고, 향을 파는 사람에게선 향내가 납니다.

부 지 기 자 시 기 친　부 지 기 인 시 기 우　부 지 기 군 시 기 소 사

不知其子視其父　不知其人視其友　不知其君視其所使

부 지 기 지 시 기 초 목

不知其地視其草木

그 자식을 모르면 그 아비를 보고, 그 사람을 모르면 그 친구를 보고, 그 임금을 모르면 그 신하를 보고, 그 땅을 모르면 그 풀과 나무를 보면 알 수 있다.

― 공자가어, 육본

171

리더의 말

행동으로 모범을 보이는 사람이 진정한 리더입니다. 말은 누구나 쉽게 할 수 있지만 말 한대로 실천하기란 누구나 할 수 있는 일이 아닙니다. 보통 사람은 세 치 혀로서만 말을 하지만, 리더는 몸과 행동으로 말을 합니다.

군 자 이 행 언　소 인 이 설 언

君子以行言　小人以舌言

군자는 행동으로 말을 하고, 소인은 혀로만 말을 한다.

— 공자가어, 안회

인생 황금률

세상에 화내지 않는 사람이 있을까요? 화를 내는 이유가 무엇일까요? 그것은 아마도 상대의 말이나 행동이 자신의 맘에 들지 않기 때문일 것입니다. 더 나가서, 왜 당신 마음대로 해? 왜 네 생각대로만 하냐고? 이건 가정에서나 직장에서나 마찬가지입니다. 사람들은 모두 자기만의 생각을 가지고 있기 때문이라 생각합니다. 이를 아상(我相)이라고도 하고 더 고착화되면 아집이라고 하지요. 자기만이 가지고 있는 고집이지요. 여기에 하나 더, '무조건 내 생각이 맞다'라는 생각 때문이지요. 어쩌면 자기만의 변치 않는 고정관념 때문이기도 하구요.

사람의 마음이란 누군가를 사랑하면 자신이 가지고 있는 모든 것을 다 주고도, 더 주고 싶어 하고, 죽어가는 사람도 어떻게 해서라도, 살려내고 싶은 것이 사람의 마음이잖아요, 하지만 누군가를 미워하면, 바늘 하나 꽂을 만큼의 마음도 열어주지 못하고, 살아있는 사람도 빨리 없어졌으면 하는, 그런 마음을 갖는 것이 사람의 마음이지요.

자공문 유일언이가이종신행지자호 자왈 기서호
子貢問 有一言而可以終身行之者乎 子曰 其恕乎

기 소 불 욕 물 시 어 인

己所不欲勿施於人

평생토록 지켜야 할 한마디 말이 있다면 그것은 무엇입니까? 그것은 서라는 말이다. 내가 원치 않는 바라면 남에게도 하지 마라.

― 논어, 위령공23

제자인 자공이 공자에게 물었습니다. 바르게 사는 사람으로서, 늘 가지고 있어야 할, 말이 있으면 딱 한 글자로 뭐냐는 질문입니다. 공자의 한 글자는 바로 서(恕)였습니다. 서(恕)는 = 같을 여如 + 마음 심心 = 너와 나의 마음이 같아지는 것을 의미하지요. Forgiveness가 영어로 용서라는 뜻인데요. 이 영어 단어를 자세히 보면 가운데 Give라는 익숙한 단어가 들어있어요. 이는 무엇을 말하는 것일까요? 용서란 주는 것이다. 정신적으로 주고 물질적으로 주는 것이다.라는 뜻 아닐까요?

제자였던 자공은 공자의 이 '서'라는 말을 바로 이해하지 못했던 것 같습니다. 그래서 이번에는 공자께서 한 문장으로서 '서'를 알기 쉽게 풀어서 설명해 주었습니다. 그 문장이 바로 己所不欲勿施於人 이라는 문장인데요. 이 문장은 논어 500어구 중에서 가장 중요한 어구 중의 하나로 논어의 명문입니다.

― 己所不欲勿施於人

내가 원치 않는 바라면 남에게도 하지 마라. 나도 하고 싶지 않다면 다른 사람도 하고 싶지 않을 테니 억지로 시키지 마라 그런 뜻입니다. 이는 곧 속는 게 싫으면 속이지 마라. 뺏기는 게 싫으면 빼앗지 마라. 적은 게 싫으면 적게 주지 마라. 거만한 게 싫으면 거만하지 마라. 짜증이 싫으면 짜증 내지 마라. 2500년 전에도 욕 듣는 게 싫으면 욕하지 마라. 1000년 전에도 기소불욕 물시어인, 지금도 기소불욕 물시어인, 앞으로 2000년이 지나도 마찬가지입니다. 수 천 년 전이나 지금이나 그리고 수천 년 후에도 사람들이 잊어서는 안 될 황금률입니다.

바로 역지사지하라는 말이지요. 제발 상대의 입장에서도 좀 생각하라는 말이지요. 사람들은 각자 모두 자기 생각이 대부분 맞다 생각을 하지만 상대의 입장에서는 아닐 수도 있는데, 그것을 인정하기가 쉽지 않은 거지요.

노벽(魯碧),
분서갱유를 피해 경서(經書)를 숨겨두었던
노나라 공자 고택의 담장벽

6

가정을 위해

172

건강이 효도의 시작

부모의 가장 큰 염려는 늘 자식 건강입니다. 뛰어난 특기를 갖는 것도, 좋은 학교에 가는 것도, 우등상을 받는 것도, 매달 용돈을 드리는 것도 모두 그다음입니다. 아프지 않고 다치지 않고 몸을 건강히 보존하는 것이 먼저입니다. 몸이 부실했던 제자가 효에 관해서 물었을 때 공자께서는 이렇게 말씀하셨습니다.

"부모는 오로지 자식이 아프지 않을까만을 걱정한다."

부 모 유 기 질 지 우
父母唯其疾之憂

부모는 오로지 자식이 아프지 않을까를 걱정한다.

논어, 위정06

173

공경하는 마음이 효도

여러 가지 이유로 부모 곁을 떠나 살아갈 수밖에 없는 것이 현실입니다. 바쁘지도 않은데 바쁘다는 핑계로, 끝없이 주는데도 더 많이 주지 않는다는 이유로, 아프지도 않은데 아프다는 핑계로 전화 한 통 제 때에 하지 못합니다. 반려견 수술에는 수십만 원씩들이면서, 여유가 없다는 핑계로 멀리 계신 부모님께 안부 전화 한 통 제대로 드리지 못하고 살았던 지난 시간의 보복이 고통이 되어 비수처럼 달려듭니다.

금지효자 시위능양 지어견마 개능유양 불경 하이별호
今之孝者 是謂能養 至於犬馬 皆能有養 不敬 何以別乎

지금의 효는 단지 봉양을 잘하는 것을 말하는데, 개나 말에게도 모두 먹이를 주고 있는바, 공경하는 마음이 없다면 개나 말과 어떻게 구별을 하겠는가?

— 논어, 위정07

174

찡그리지 않는 것이 효도

집안에 일이 있을 때 자식들이 부모의 노고를 대신하고, 맛있는 음식이 있을 때 부모께 먼저 드시게 하는 것만으로 효를 다하고 있다고 보기는 어렵습니다. 싫은 기색을 보이면서 부모의 일을 대신하고 있다면 그것을 보는 부모의 마음이 편할까요? 찡그린 자식의 얼굴을 보면서 그 음식이 제대로 넘어갈까요?

자 하 문 효　자 왈　색 난
子夏問孝 子曰 色難

자하가 효에 대해 물었는데, 공자께서 말씀하셨다. 얼굴색을 바르게 하는 것이 쉬운 일이 아니다.

논어, 위정08

175

간언에 유의하라

혹여 부모에게 잘못이 있어 자식이 그것을 고치도록 말하는 것은 쉬운 일이 아닙니다. 그래서 그런 간언은 너무 자주 해서도 안 되며, 말씀을 드릴 때는 공손하고 조용하게 해야 합니다. 조심스럽게 말씀드린 간언이 받아들여지지 않더라도, 부모님을 공경하고 부모님의 뜻을 거스르지 말아야 하며 이것이 힘들어도 자식으로써 원망하지 말아야 합니다.

사 부 모 기 간

事父母 幾諫

부모를 모심에 간을 자주 해서는 안 된다.

논어, 이인18

176

전화하는 것이 효도

집을 나설 때와 들어올 때는 부모님께 알려야 합니다. 멀리 가는 여행이나 가까이 나갈 때도 마찬가지입니다. 언제 어디로 가는지 어디에 있는지를 주기적으로 알려야 합니다. 집 나간 자식이 돌아오기 전까지 부모의 하루는 끝나지 않기 때문입니다. 알림의 수단에 예전보다 백배나 좋아졌음에도 부모의 걱정은 예나 지금이나 비슷한 이유는 어디에 있을까요?

부 모 재 불 원 유 유 필 유 방

父母在 不遠遊 遊必有方

부모가 살아 계시면 먼 곳에서 놀지 않고, 놀 때는 반드시 일정한 곳에 있어야 한다.

논어, 이인19

177

부모님의 나이를 기억해

해가 바뀌는 새해와 부모님 생일 때만이라도 부모님의 나이에 대해 한 번 더 생각해 보아야 할 것 같습니다. 부모님이 오래 살아계시니 기쁨이요, 함께 하실 날이 점점 줄어드니 두려운 마음이 들기 때문입니다.

부 모 지 년　불 가 부 지 야　일 즉 이 희　일 즉 이 구

父母之年　不可不知也　一則以喜　一則以懼

부모의 나이는 알고 있지 않으면 안 된다. 한편은 기쁘고 한편은 두렵기 때문이다.

논어, 이인21

178

부모의 뜻을 살핌이 효다

부모가 살아 계시는데도 자식 마음대로 결정하고 행동한다거나, 부모의 뜻에 어깃장을 놓고 부모의 속을 아프게 하는 자식은 효자라 할 수 없습니다. 혹여 부모가 돌아가시자마자 이제는 내 세상이라 여겨 하루아침에 부모의 흔적을 지운다면 이 또한 효자라 여길 사람은 없을 것입니다. 그것을 본 손자들은 또 무엇을 배우겠습니까?

부재 관기지 부몰 관기행 삼년무개어부지도 가위효의
父在 觀其志 父沒 觀其行 三年無改於父之道 可謂孝矣

아버지가 살아 계실 때는 그 뜻을 살피고, 아버지가 돌아가셨을 때는 그간 행하셨던 일을 살펴 삼년 동안 아버지가 가셨던 길에 대해 고침이 없으면 효라 이를 만하다.

— 논어, 학이11

179

어기지 않는 것이 효도

부모가 살아계실 동안에는 자식의 도리로 정성껏 모시고, 돌아가셨을 때는 장례 절차에 따라 정성껏 모시고, 기일이 돌아오면 후손들과 함께 공손히 기억할 수 있다면 효자라 할 수 있을 것입니다.

이것이 노나라 대부였던 맹무백이 효를 물었을 때 공자께서 이른 어기지 말아야 할 세 가지입니다.

맹 무 백 문 효　자 왈　무 위
孟懿子問孝　子曰　無違

맹무백이 효를 물었을 때 공자께서 "어기지 않는 것"이라 했다.

논어, 위정05

180

상갓집에서의 마음

공자께서는 상주(喪主) 곁에서 밥을 먹을 때는 배가 부르게 먹지 않았고, 조문(弔問)한 날에는 그 좋아하던 시와 노래를 부르지 않았다고 합니다. 그것은 상주의 슬픔에 공감하고 배려하는 마음이 있었기 때문이었습니다.

자 식 어 유 상 자 지 측 　미 상 포 야
子食於有喪者之側 未嘗飽也

공자께서는 상을 당한 사람의 곁에서 식사할 때는 배부르게 먹은 적이 없었다.

▬ 논어, 술이09

181

부모의 상은 어떻게 해야 합니까

공경하는 마음으로 몸가짐이나 언행을 조심하면서 절제되고 정중하게 초상을 치르는 것이 최상이요, 슬픈 마음으로 치르루는 것이 차상이며, 슬픔과 사무치는 마음으로 몸과 마음에 병이 생긴다면 이것은 가장 못 하는 것입니다. 부모님을 공경하는 마음으로 정성껏 보내드리는 것이 최상이요, 지극한 슬픔으로 묵묵히 보내드리는 것이 그다음인데, 사무치는 마음을 누르지 못해 몸에 병을 얻어가며 보내드리는 것은 크게 잘하는 일이 아니라는 것입니다.

자공문거부모상 자왈 경위상 애차지 척위하
子貢問居父母喪 子曰 敬爲上 哀次之 瘠爲下

자공이 부모의 초상 치르는 것을 물었을 때 "공경으로 하는 것이 으뜸이며, 슬픔으로 하는 것이 그다음이고, 울다 지쳐 병이 나는 것이 제일 못하는 것이다."라고 공자께서 답했다.

공자가어, 곡례자하문

182

효와 예의 정의

가난하여 부모에게 봉양도 제대로 해드리지 못하고, 부모가 돌아가셨을 때 예에 맞게 초상을 치르지도 못했다며 슬퍼하는 제자 자로에게 공자께서 이렇게 말씀하셨습니다.

"콩을 먹고 물을 마시면서도 그 즐거워하는 마음을 다하는 것을 효도라 하고, 관만 쓰고 곽을 쓰지 못한다고 하더라도 자기 형편에 맞게 하는 것을 예라고 하는데 무엇 때문에 가난을 슬퍼한단 말이냐?"

철숙음수 진기환야 사위지효호 선장이무곽 선편칭기재 위지례
啜菽飮水 盡其歡也 斯爲之孝乎 旋葬而無槨 旋便稱其財 爲之禮

콩을 먹고 물을 마시면서도 그 즐거워하는 마음을 다하는 것을 효도라 하고, 관만 쓰고 곽을 쓰지 못한다고 하더라도 자기 형편에 맞게 하는 것을 예라고 한다.

― 공자가어, 곡례자공문

건강이 효도의 시작

맹무백문효　자왈　부모유기질지우
孟武伯問孝　子曰　父母唯其疾之憂

맹무백이 효에 대해 물었는데, 공자께서 말씀하셨다. "부모는 오로지 자식이 아프지 않을까를 걱정한다."

— 논어, 위정06

맹무백은 대부 맹의자의 맏아들입니다. 시호가 무(武)고 이름은 체(彘)로 돼지라는 뜻입니다. 맹무백의 어렸을 때 이름이 체인 것을 보면 아마도 돼지처럼 몸이 뚱뚱했을 것으로 추측해 볼 수 있는데, 공자께서 그런 체(彘)가 염려가 되어 이렇게 일렀던 것 같습니다. 부모유기질지우父母唯其疾之憂. 유唯는 다만 질疾은 질병(疾病)이란 뜻입니다. 우憂는 우려憂慮 걱정한다는 의미입니다. "몸 관리를 잘해야 된다. 혹여 몸이라도 아프게 된다면 네 부모는 그것보다 가슴 아픈 일이 없기 때문이야. 그게 불효지 뭐가 불효이겠느냐?"

그렇다면 孝(효)의 본질이란 무엇일까요? 공자가 말하는 효의 본질은 어렵지 않습니다. 너무도 친근합니다. 어쩌면 모든 부모의 마음이 다 그럴 것입니다. 우리 아이가 무탈하게 지내는 것입니다. 우리 아이가 아프지 않고 다치지 않고 살아가는 것입니다. 부모에게 걱정을 끼치지 않는 것이 효孝의 본질인 것입니다. 건강하게 살아가는 것이 바로 이미 효도라는 것입니다. 아이를 키워본 부모의 마음이 바로 이 마음입니다. 아픈 아이를 들러 업고 밤거리를 뛰어본 부모의 마음이 바로 이 마음입니다. 제발 아프지 않기를 간절히 비는 부모의 마음입니다. 2500년 전 공자는 이것을 효라 했습니다. 예나 지금이나 부모의 자식에 대한 걱정은 늘 한결같습니다. 그러니 부모의 걱정을 덜어 주는 것이 자식의 효라고 보면 스스로의 건강관리는 최고의 효孝인 것입니다.

효경孝經에서 역시 효를 명료하게 정의하고 있습니다. 건강하게 살아가는 것이 효의 시작이요, 잘 살아가는 것이 효의 끝이라 했습니다. 신체발부 수지부모, 불감훼상 효지시야.(身體髮膚受之父母, 不敢毁傷, 孝之始也), 머리카락 피부를 비롯해 신체는 모두 부모에게 받은 것으로 감히 훼손 없이 잘 보존하는 것이 효의 시작이요. 입신행도 양명어후세, 이현부모 효지종야.(立身行道, 揚名於後世, 以顯父母, 孝之終也). 몸을 세워 바르게 살아 후세에 그 이름이 명예롭게 남아 부모를 드러내는 것이 효의 마지막이라 했습니다.

공묘에 있는
공자상(孔子像)

7

조직을 위해

183

조직을 살리는 다섯 가지 원칙

나라를 이끄는 지도자, 기업을 경영하는 CEO, 팀을 이끄는 팀장, 가정을 꾸려나가는 가장의 조직을 이끄는 원칙은 다를 바가 없습니다. 성실한 태도, 믿음과 신뢰, 자원의 절약, 구성원에 대한 사랑, 완급경중의 일 처리가 바로 그것입니다.

도 천 승 지 국　경 사 이 신　절 용 이 애 인　사 민 이 시
道千乘之國　敬事而信　節用而愛人　使民以時

나라를 다스리는 일은 매사를 성실히 하여 신의가 있어야 하며, 물자를 절약하고 사람을 사랑하며, 때에 맞게 백성을 부릴 줄 알아야 한다.

— 논어, 학이05

184

북극성에 뭇 별이 끌리듯

역지사지(易地思之)의 마음과 신뢰를 중심으로 펼친다면, 정치를 하는 것은 마치 북극성은 제 자리에 있는데 뭇별들이 북극성을 따라 도는 것과 같다고 할 수 있습니다. 원칙을 따르면 어렵지 않다는 뜻입니다. 기업경영도 마찬가지입니다. 리더가 역지사지의 마음과 신뢰를 기반으로 인도한다면 조직은 그 어느 때보다도 순조롭게 돌아갑니다. 덕(德)이란 인(仁), 의(義), 효(孝), 우애, 충심, 신의, 관용, 용서, 공손, 공경의 마음을 가지고 행하는 것입니다. 좌씨전(左氏傳)에서는 신(信)과 인(仁)을 덕이라 했습니다. 거짓이 없는 역지사지의 마음이 바로 덕입니다.

위정이덕 비여북신 거기소이중성공지
爲政以德 譬如北辰 居其所而衆星共之

덕(德)으로써 정치를 하는 것은, 북극성은 제 자리에 있는데 뭇별들이 북극성을 도는 것과 같다고 비유할 수 있다.

— 논어, 위정01

185

덕치가 필요한 이유

법과 형벌로만 규제하면 시민들은 형벌이 무서워 피하기는 하겠지만, 잘못을 저지르고도 반성이나 부끄러운 마음을 갖지 않게 됩니다. 하지만 도덕과 윤리로 규제하면 다수의 선량한 시민들은 잘못하여 벌을 받더라도 자신이 잘못했다는 것에 스스로 부끄러움을 느끼며 교양과 품격 있는 나라에 살고 있다는 자부심을 느끼게 될 것입니다.

업무 규정과 법으로만 직원들을 규제하면 직원들은 회사의 제재가 무서워 조심하기는 하겠지만 재수 없어 걸렸다고 생각 할뿐 반성이나 부끄러운 마음을 갖지 않게 됩니다. 하지만 상사가 모범을 보이고 자율로 직원들을 규제하면 다수의 선량한 직원들은 잘못하여 벌을 받더라도 자신이 잘못했다는 것에 대한 깊은 부끄러움을 느끼며 품격 있는 회사에서 일하고 있다는 자부심을 느끼게 될 것입니다.

도 지 이 덕　제 지 이 례　유 치 차 격
道之以德　齊之以禮　有恥且格

덕으로 이끌고 예로써 다스리면 부끄러움도 알고 감격도 할 것이다.

논어, 위정03

186

경영에 집중이 필요한 이유

어느 시대나 달콤하게 보이는 사이비가 있습니다. 사람들을 꾀기 위해 예쁘게 단장한 독버섯과 같은 사이비에 빠지면 해로울 뿐입니다. 이단을 공부하거나 이단을 공격하는 것 역시 시간 낭비일 뿐입니다. 힘들겠지만 한 단계 한 단계 정상적인 방법으로 올라가야 후회가 없습니다.

공 호 이 단 사 해 야 이
攻乎異端 斯害也已

이단을 공부하면 해로울 뿐이다.

논어, 위정16

187

연봉을 높이는 방법

녹봉을 받을 수 있는 방도에 대해 자장이 물었을 때 공자께서는 "많이 듣고 확실한 것만 신중히 말하면 허물이 적을 것이며, 많이 보고 합당한 것만 신중히 행하면 된다. 말에 허물이 적고 행실에 후회가 적게 된다면 녹봉은 그 안에 있는 것이다."라고 했습니다.

리더는 항상 말과 행동에 신중해야 합니다. 말에는 신뢰가 우선입니다. 자기와의 약속과 다른 사람과의 약속 이행이 연봉을 좌우합니다. 또한 연봉은 행동과 성과의 결과물입니다. 많이 배우고 연구하여 높은 성과를 만들어 내는 것이 연봉을 좌우합니다.

언과우 행과회 록재기중의

言寡尤 行寡悔 祿在其中矣

말에 허물이 적고 행실에 후회가 적게 된다면 녹봉은 그 안에 있는 것이다.

논어, 위정18

188

사람들을 움직이는 힘

조직경영에 사람만큼 중요한 것은 없습니다. 누구를 채용하는가가 조직의 승패를 가늠하기 때문입니다. 어떤 리더를 쓰는가에 따라 조직의 시너지를 최고로 올릴 수도, 최저점으로 만들 수도 있기 때문입니다. 정치와 경영의 요체는 바로 사람입니다. 특히 리더의 채용과 선발이 중요한 이유입니다.

거직조저왕 즉민복 거왕조저직 즉민불복
舉直錯諸枉 則民服 擧枉錯諸直 則民不服

곧은 사람을 등용해 굽은 사람 위에 놓으면 백성들이 복종하고, 굽은 사람을 등용해 곧은 사람 위에 놓으면 백성들은 복종하지 않는다.

— 논어, 위정19

189

차이를 인정하고 도와야 리더

사람들이 일하는 방식은 참으로 다양합니다. 내가 상사의 마음에 들지 않을 때가 있듯이 팀원들도 내 마음에 들지 않을 때가 있습니다. 중요한 것은 팀원이 업무의 핵심에 도달했는지 아닌지이지, 그가 내 마음에 드는지 아닌지가 아닙니다. 차이를 인정하는 자세가 필요합니다. 팀원이 최고의 실력을 발휘하도록 도와주는 팀장이 진짜 리더입니다.

사 부 주 피　위 력 부 동 과　고 지 도 야
射不主皮　爲力不同科　古之道也

활쏘기에서 과녁 가죽 뚫는 것을 위주로 하지 않는 이유는 사람의 힘이 같지 않기 때문이다. 이것이 옛날의 도이다.

— 논어, 팔일16

190

오는 말이 고와야 가는 말이 곱다

팀장은 팀원을 어떻게 부리고, 팀원은 팀장을 어떻게 보필해야 합니까? 팀장은 팀원을 예로써 부리고, 팀원은 팀장을 충심으로 보필해야 합니다. 팀장이 먼저 기본적인 예의를 갖추어 팀원에게 마음을 다한다면, 팀원은 팀장에게 마음으로부터의 충성된 마음을 갖게 될 것입니다.

군 사 신 이 례　신 사 군 이 충

君使臣以禮　臣事君以忠

임금은 신하를 예로써 부리고, 신하는 임금을 충성으로 섬겨야 합니다.

— 논어, 팔일19

191

배움에 힘쓰되 적절히 통제하라

학문을 깊고 넓게 공부하는 것도 중요하지만, 적절히 규제할 줄도 알아야 합니다. 현장실무지식과 이론을 깊고 넓게 통달하는 것도 중요하지만, 사회의 공통 규범으로 자신을 적절히 조절 할 수 있어야 존경받는 리더가 됩니다. 그런 리더가 바로 겉과 속이 세련된 문질빈빈(文質彬彬) 리더입니다.

군 자 박 학 어 문 약 지 이 례 역 가 이 불 반 의 부

君子博學於文 約之以禮 亦可以弗畔矣夫

군자가 글을 널리 배우고, 예로써 단속한다면, 벗어나지 않을 수 있을 것이다.

▬ 논어, 옹야25

192

그럴 때가 있다

때로는 '제발 그냥 시키는 대로 해주세요.'라고 요구할 수밖에 없는 경우가 있습니다. 그 일을 해야만 하는 이유를 가르쳐줄 길이 없기 때문입니다. 어떤 이론이나 철학을 들어가며 설명해 줄 만한 여유가 없기 때문일지도 모릅니다. 팀원을 무시해서가 아니라 어떤 특별한 성과를 위해 팀장을 믿고 그냥 실행해 달라는 간절한 지시일 수도 있습니다.

민 가 사 유 지 불 가 사 지 지

民可使由之 不可使知之

백성들로 하여금 따라오게 하면 되지, 그 까닭을 알게 할 수는 없다.

논어, 태백09

193

때가 아니면 먹지 않았다

먹을 식(食)자는 사람 인(人)과 어질 량(良)으로 되어있습니다. 착하고 아름다운 어진 사람이 되려면 먹어야 한다는 말일까요. 배가 차야 예절이 나오듯 밥이 하늘이라는 말이 있습니다. 밥을 먹어야 육신이 살며 육신이 살아야 생각도 차게 됩니다. 춘추시대 73세까지 살았던 공자께서는 정해진 식사 시간이 아니면 먹지 않았으며, 제철 음식이 아니면 먹지 않았다고 합니다.

불 시 불 식

不時不食

때가 아니면 먹지 않았다. 제철 음식이 아니면 먹지 않았다.

논어 향당08

194

자리가 아니면 앉지 않았다

공자께서는 앉기 전에 자리를 먼저 살피셨고, 앉아야 할 자리가 아니면 앉지 않으셨다고 합니다. 반듯하게 정리된 깨끗한 환경이 몸과 마음을 편안하게 하여 좋은 성과를 만들어 내기 때문입니다. 어떤 자리에 앉기 전에 그 자리가 내 자리가 아니라면 피하는 것이 상책입니다. 완장을 차거나 높은 자리에 앉으면 사람의 마음이 달라지기 십상이기 때문입니다.

석부정 부좌
席不正 不坐

자리가 반듯하지 않으면 앉지 않으셨다.

논어 향당09

195

현재에 집중하라

제자인 자로가 귀신 섬기는 일에 관하여 묻자 공자께서

"사람도 제대로 섬기지 못하는데 어찌 귀신을 섬길 수 있겠는가?"라고 하셨습니다.

이번엔 죽음에 관하여 묻자 공자께서

"삶도 잘 알지 못하는데 어찌 죽음을 알겠는가?"라고 하셨습니다.

미지의 귀신보다 산 사람이 더 중요하고, 죽은 뒤 보다는 살아 있는 지금이 더 중하니 현재의 삶에 더 집중하라는 의미입니다.

미능사인 언능사귀 미지생 언지사
未能事人 焉能事鬼 未知生 焉知死

사람도 제대로 섬기지 못하는데 어찌 귀신을 섬길 수 있겠는가? 삶도 잘 알지 못하는데 어찌 죽음을 알겠는가?

― 논어, 선진11

196

서열이 아니라 책임이어야 한다

대통령은 대통령답고 장관은 장관답고, 시장은 시장답고 시민은 시민다워야 합니다. 아버지는 아버지답고 어머니는 어머니답고, 형은 형답고 동생은 동생다워야 합니다. 사장은 사장답고 임원은 임원답고, 팀장은 팀장답고 팀원은 팀원다워야 합니다. 농사꾼은 농사꾼답고 장사꾼은 장사꾼답고, 주인은 주인답고 고객은 고객다워야 합니다. 서열이 아니라 책임이어야 합니다. 권위가 아니라 사랑이어야 합니다.

군군 신신 부부 자자
君君 臣臣 父父 子子

임금은 임금답고, 신하는 신하답고, 아버지는 아버지답고, 아들은 아들다워야 한다.

― 논어, 안연11

197

태만과 불성실은 경영을 망친다

제자인 자장이 정치를 묻자 공자께서는 "관직에 있을 때는 태만하지 않고, 정사를 실행할 때는 충심으로 해야 한다"고 가르쳤습니다. 비단 정치뿐이겠습니까? 조직의 리더는 그 위치가 어디든지 진정 게으름이 없어야 합니다. 업무를 행할 때는 진실한 마음으로 성실하게 해야 합니다. 그게 싫으면 조직과 자신을 위해서라도 리더의 자리에서 내려와야 합니다.

거 지 무 권　행 지 이 충

居之無倦　行之以忠

있을 때는 게으르지 않고, 행할 때는 충심으로 해야 하다.

논어, 안연14

198

풀은 미풍에 자라고 태풍에 쓰러진다

노나라 최대 권력자였던 계강자가 공자께 정치에 관하여 논하면서 "무도한 자를 죽여 바른 사회를 만들고 싶습니다." 라고 하자 공자께서 이렇게 답했습니다.

"대부께서 정치를 한다면서 어찌 살인의 방법을 쓰려 하십니까? 대부께서 먼저 선해지려고 한다면 백성들도 선량해질 것입니다. 군자의 덕은 바람이요 소인의 덕은 풀입니다. 위로 바람이 불면 풀은 반드시 쓰러지고 맙니다."

리더의 모범은 조직성과를 만드는 최적의 바람이 되지만, 말로만 이끄는 조직의 성과는 점점 떨어져 가고, 언어폭력과 강압으로 이끄는 리더의 조직은 반드시 사라지고 맙니다.

군자지덕 풍 소인지덕 초 초 상지풍 필언
君子之德 風 小人之德 草 草 上之風 必偃

군자의 덕은 바람, 소인의 덕은 풀, 위로 바람이 불면 풀은 반드시 쓰러진다.

— 논어, 안연19

199

리더가 바르면

리더십의 요체는 외부 이론에 있는 것이 아니라 자기 자신에게 있습니다. 리더 스스로가 바르면 어떤 이론을 적용해도 다 가능하지만, 리더 스스로가 바르지 않으면 그 어떤 리더십 이론을 적용해도 사람들은 따르지 않을 것입니다.

기신정 불령이행 기신부정 수령부종
其身正 不令而行 其身不正 雖令不從

그 몸이 바르면 명령하지 않아도 행해지고, 그 몸이 바르지 않으면 명령을 내려도 따르지 않는다.

― 논어, 자로06

200

빈자는 원망을 부자는 교만을 조심하라

부자가 교만하지 않는 것도 쉬운 일이 아닙니다만 부자가 교만을 참는 것보다 가난한 사람이 누군가 원망하는 것을 참기 어렵습니다. 교만을 참는 것은 교양이지만, 가난은 참지 못하는 것은 생존이기 때문입니다.

빈 이 무 원 난　부 이 무 교 이
貧而無怨難　富而無驕易

가난하면서 원망하지 않기는 어렵고, 부유하면서 교만하지 않기는 쉽다.

— 논어, 헌문11

201

원려하라

원려(遠慮)는 목표, 꿈, 비전입니다. 분명한 목표나 꿈이 있다고 해서 일상으로 다가오는 근심 걱정이 없을 수는 없습니다. 하지만 그 꿈이 간절하고 그 목표가 명확하다면 근심 걱정을 이겨낼 수 있습니다. 그 꿈이 정말 내가 원하는 것일수록, 그 목표가 분명할수록 더 그렇습니다. 근심 걱정을 잠재울 수 있는 당신의 원려(遠慮)는 무엇입니까?

인 무 원 려　필 유 근 우
人無遠慮　必有近憂

멀리를 생각하지 않으면 늘 가까이에 근심이 있다.

― 논어, 위령공11

202

리더는 원칙과 목표에 집중해야

큰 원칙이 바르고 작은 원칙도 바르면 훌륭한 임금이고, 큰 원칙이 바르나 작은 원칙들이 한 가지는 바르고 한 가지는 그르다면 보통 임금이며, 큰 원칙이 옳지 않다면 작은 원칙들이 비록 옳다 하더라도 공자께서는 그 밖의 것은 거들떠보지도 않겠다고 했습니다. 원칙이나 목표가 중간에 바뀌게 되면 큰 손해를 볼 수 있습니다. 국가도 기업도 개인도 마찬가지입니다. 등산 중에 올라가야 할 목표 정상이 바뀌게 되면 다시 내려와야 하니 올라간 것만큼 손해입니다. 리더는 원칙과 목표에 집중해야 합니다.

대절비야 소절수시야 오무관기여야
大節非也 小節雖是也 吾無觀其餘矣

큰 원칙이 옳지 않다면 작은 원칙들이 비록 옳다 하더라도, 나는 그 밖의 것은 거들떠보지도 않겠다.

— 순자, 왕제

203

인재 채용의 조건

사람 쓰는 방법에 대한 노나라 애공의 질문에 공자는 다음과 같이 말했습니다.

"욕망이 넘치는 자, 억지를 쓰는 자, 말이 많은 자는 쓰지 마십시오. 욕망이 큰 자는 탐욕스럽고, 억지를 쓰는 자는 어지럽히며, 말이 많은 자는 거짓말을 잘하기 때문입니다. 선비는 신의와 성실이 먼저고, 지혜와 능력은 그다음입니다. 신의와 성실이 없으면서 많은 지혜와 능력이 있으면, 그것은 마치 승냥이나 이리와 같아서 몸을 가까이해서는 안 됩니다."

예나 지금이나 신의와 성실이 인재의 첫 번째 조건입니다.

사 불 신 각 이 유 다 지 능　비 지 기 사 랑 야　불 가 이 신 이 야
士不信慤而有多知能　譬之其豺狼也　不可以身爾也

선비가 신의와 성실이 없으면서 많은 지혜와 능력이 있으면 그것은 마치 승냥이나 이리와 같아서 몸을 가까이해서는 안 된다.

— 순자, 애공

204

진정한 리더는

공자가 14년 동안 7개 나라를(천하주유) 돌아다니던 중 진나라와 채나라 사이에서 오지도 가지도 못한 채 양식마저 떨어져 7일 동안이나 굶은 위급한 상황에 몰리게 되었습니다. 제자인 자로가 결국 불만을 토로하자 공자께서 이렇게 말했습니다.

"지초와 난초가 깊은 골짜기에 났다 할지라도 사람이 없다 해서 그 향기가 나지 않는 법이 없다. 군자가 도를 닦고 덕을 세우다가 곤궁에 빠졌다 해도 절개가 변하지는 않는 것이니, 일하는 것은 사람이고, 죽고 사는 것은 운명에 달린 것이다."

리더는 열악한 환경일수록 더 빛나는 사람입니다. 환경이 나빠졌을 때 쉽게 무너지면 그게 무슨 리더이겠습니까? 위기를 슬기롭게 넘기는 자가 진정한 리더입니다.

위 지 자 인 야　생 사 자 명 야
爲之者人也　生死者命也

일을 하는 것은 사람이고, 죽고 사는 것은 운명에 달린 것이다.

— 공자가어, 재액

205

쉬우면서 좋은 것은 없다

벼슬을 하자면 어떻게 해야 하는가를 묻는 제자 자장에게 공자가 말했습니다. "몸을 편하게 하고 명예를 취하는 것은 어려운 일이다."

어디 벼슬이나 공직만 그러겠습니까? 공조직이든 사조직이든 대충해서 올라가는 승진은 그 어디에도 없습니다. 피를 말리는 과정을 거쳐야 한 직급 또 한 직급 올라가게 되는 것입니다. 명예가 크면 클수록 더 큰 노력이 필요합니다.

안 신 취 예 위 난

安身取譽爲難

몸을 편하게 하면서 명예를 취하는 것은 어려운 일이다.

― 공자가어, 입관

206

그것은 당장 급한 일이 아니다

"죽은 사람은 지각이 있습니까, 없습니까?"라는 사공의 질문에 공자가 말했습니다.

"그것은 뒷날에 가면 자연히 알게 될 것이니 오늘의 급무가 아니다."

예나 지금이나 급하지도 않을 일을 가지고 괜한 걱정을 하는 사람들이 있습니다.

비 금 지 급　후 자 지 지
非今之急　後自知之

지금 급한 일이 아니다. 뒤에 가면 자연히 알게 될 것이니.

― 공자가어, 치사

207

가득 차면 기울어진다

아무리 총명하고 지혜가 있다고 해도, 자기 몸을 지키는 데는 어리석은 것처럼 해야 하며, 아무리 공로가 있다고 해도 자기 몸을 지키는 데는 양보해야 하며, 아무리 힘이 있다고 해도 자기 몸을 지키는 데는 두려워하듯 해야 하며, 아무리 부유하다고 해도 자기 몸을 지키는 데는 검소해야 하는 것이 자기 몸을 덜어주고 바르게 해주는 도리입니다.

오 문 유 좌 지 기 　허 즉 기 　중 즉 정 　만 즉 복

吾聞宥坐之器 虛則欹 中則正 滿則覆

유좌라는 그릇은 속을 비워두면 기울어지고, 중간쯤 채워 놓으면 반듯하게 되고, 가득 채우면 엎어진다고 들었다.

— 공자가어, 삼서

208

인사가 만사다

자로가 공자에게 물었습니다. "어진 임금은 나라를 다스리는데 무엇을 먼저 합니까?"

공자가 답했습니다. "어진 사람을 존경하고, 불초한 사람을 천하게 여겨야 한다."

경영자가 먼저 해야 할 일은 일 잘하는 사람을 존경하고, 못나고 어리석은 사람이나 사업을 이끌만한 능력이 없는 사람은 골라내는 일입니다. 인사가 만사라는 말이 있습니다. 사람이 처음이자 마지막입니다.

재 어 존 현 이 천 불 초
在於尊賢而賤不肖

어진 사람을 존경하고, 불초한 사람을 천하게 여겨야 한다.

— 공자가어, 현군

209

윗사람에게 충언하는 다섯 가지 방법

옳지 못하거나 잘못된 일을 고치도록 말하는 것이 간(諫)입니다. 윗사람이나 상사에게 어떻게 간하는 것이 좋을까요? 다섯 가지 방법이 있습니다. 나의 뜻과는 다르게 속이거나 둘러대서라도 말하는 것입니다. 내가 좀 어리석게 보이게끔 해서 말하는 것입니다. 내가 몸을 낮추어서라도 말하는 것입니다. 정 안 되면 직언을 해서라도 말하는 것입니다. 다른 일에 슬쩍 풍자해서라도 말하는 것입니다. 여기서 중요한 것은 윗사람이나 상사의 마음을 잘 헤아려보고 해야 한다는 것입니다. 공자께서는 이 다섯 가지 중 맨 마지막 방법을 쓰겠다고 했습니다.

휼간 당간 강간 직간 풍간
譎諫 戇諫 降諫 直諫 風諫

충신이 임금에게 간하는 다섯 가지는 둘러대서 간하다. 어리석게 보여서 간하다. 몸을 낮추어 간하다. 바른말로 간하다. 풍자해서 간하다.

━ 공자가어, 변정

210

조직경영의 8할 사람

규모에 상관없이 사람을 모아 조직을 만들고 그것을 경영하는 경영자는 세 가지가 필요합니다. 먼저 사람을 보는 눈이 필요합니다. 어떤 사람이 조직에 꼭 필요한 사람인지를 아는 지혜가 필요합니다. 두 번째는 그들 중에 능력 있는 사람을 선별하여 채용하는 현명함이 필요합니다. 세 번째는 함께 일하는 사람들을 사랑하는 마음이 필요합니다. 의심나는 사람은 아예 채용단계에서 걸러내고 한번 채용한 사람은 사랑으로 가르치고 사랑으로 대우하여 함께 한다면 조직경영의 8할은 이미 끝나게 됩니다.

인 자 막 대 호 애 인 　지 자 막 대 호 지 현 　현 정 자 막 대 호 관 능

仁者莫大乎愛人 智者莫大乎知賢 賢政者莫大乎官能

어진 일이란 사람을 사랑하는 것보다 더 큰 것이 없고 지혜란 어진 사람을 알아보는 것보다 더 큰 것이 없고 현명한 정치란 능력 있는 자를 쓰는 것보다 더 큰 것이 없다.

― 공자가어, 왕언해

211

훌륭한 조직을 이끄는 아홉 가지 강령

큰 조직을 이끄는 리더일수록 쉼 없는 자기 수양이 필요합니다.

주변의 현명한 전문가를 존경하고 배워야 합니다.

친밀한 관계가 필요한 사람들과는 늘 친밀해야 합니다.

조직의 경영 간부들을 공경해야 합니다.

조직의 중간 리더들을 한 몸처럼 생각해야 합니다.

사원 한 명 한 명을 마치 자식처럼 대해야 합니다.

조직의 현재와 미래를 책임지는 기술 인력을 확보해야 합니다.

멀리 있는 자도 찾아 올 수 있는 조직을 만들어야 합니다.

핵심 임원들을 품어야 합니다.

수신야 존현야 친친야 경대신야 체군신야 자서민야 래백공야

修身也 尊賢也 親親也 敬大臣也 體群臣也 子庶民也 來百工也

유원인야 회제후야

柔遠人也 懷諸侯也

자기수신, 어진 사람을 존경, 친한 사람을 친하게 대하기, 대신을 공경하기, 신하를 한 몸처럼, 백성을 자식처럼, 기술 인력을 모으고, 멀리 있는 사람을 모여들게 하고, 모든 제후들을 품어야 한다.

— 공자가어, 애공문정

공자, 논어, 공자의 주요 제자들

━ 공자 孔子 (BC551-BC479)

이름은 구(丘), 자는 중니(仲尼), 춘추시대 말기 노나라 추읍(현 산동성 곡부시 동남)사람입니다. 하 은 주 중국 고대의 사상을 집대성한 저명한 사상가, 교육가, 유가학파 창시자, 후세중국의 역대 통치자들은 공자를 가리켜 지덕이 뛰어난 성인을 지칭하는 지성(至聖), 만인의 스승이라는 만세사표(萬歲師表)라 칭했습니다. 세계적인 성인의 한사람으로 추앙받고 있으며, 당시 3천 제자와 72명의 현명한 제자와 10명의 철인 제자가 있습니다. 시경과 서경을 엮었고, 예기와 악기를 정(定)했으며, 주역을 서(序)했고 춘추를 지었습니다.

BC551년 (1세) 노나라 창평향 추읍 (산동성, 곡부)에서 출생

BC549년 (3세) 부친 숙량흘 사망

BC535년 (17세) 모친 안징재 사망

BC533년 (19세) 송나라에서 결혼

BC532년 (20세) 아들 탄생(공리), 계손씨 집안의 위리(창고관리)

BC531년 (21세) 계손씨 집안의 승전리(가축관리)

BC522년 (30세) 사학을 열다. 제나라 경공과 재상(안영)을 만나다.

BC518년 (34세) 주나라 수도인 낙읍을 방문하여 노자를 만나다.

BC517년 (35세) 제나라로 망명을 한 소공과 함께 제나라로 가다.

BC516년 (36세) 제나라 경공이 공자에게 정치를 묻다.

BC515년 (37세) 노나라로 돌아오다.

BC504년 (48세) 양호의 난 (양호가 공자를 불렀으나 나가지 않았다.)

BC501년 (51세) 최초로 관직에 나가다. (중도재)

BC500년 (52세) 협공회맹에서 제나라로부터 잃었던 땅을 되찾다.

BC499년 (53세) 사공을 거처 대사구(법무부장관)에 이르다.

BC498년 (54세) 삼환의 성벽을 허물려했으나 실패했다.

BC497년 (55세) 관직을 사직하고 천하주유에 나서다.

BC496년 (56세) 위나라에서 머물며 위령공의 남자(南子)를 만나다.

BC492년 (60세) 송나라에서 사마환퇴를 만나다.

BC490년 (62세) 채나라에서 은자(隱者)를 만나다.

BC489년 (63세) 재진절량 (진나라와 채나라 사이에서 굶주리다.)

BC484년 (68세) 노나라로 돌아오다. (1년 전 부인이 사망하다.)

BC482년 (70세) 아들 공리가 죽다.

BC481년 (71세) 제자 안회가 죽다. 춘추 집필을 마치다.

BC480년 (72세) 제자 자로가 죽다.

BC479년 (73세) 음력 4월 사망하다. 사수(泗水) 언덕에 묻히다.

『논어 論語』

논어는 공자 사후 제자들에 의해서 편찬되었습니다. 진나라 때 분서갱유를 겪으면서 한동안 자취를 감추었던 논어는 한나라 6대 경제 때 공자가 살았던 고택의 벽 속에서 발견되었습니다. 7대 한무제(漢武帝)는 공안국(孔安國), 동중서(董仲舒)를 기용해 유교를 국교화하여 효와 충의 개념으로 국정의 안정화를 꾀하고자 했습니다. 공안국은 공자의 11대 후손으로 고문 경전들을 정리하는 일을 했고, 장우(張禹)는 한나라 11대 원제 때 현재 우리가 읽고 있는 논어의 최초본이라 할 수 있는 『장후론張侯論』을 만들었습니다. 후한의 정현鄭玄이 『장후론』과 고론古論을 혼합하여 현재 판형의 논어로 편찬했습니다. 우리나라에 논어가 들어온 시기를 정확 알 수 없지만 고구려 소수림왕 2년(372년) 대학(大學)을 세우기 이전에 이미 논어가 전해졌던 것으로 보입니다.

15,000여 자字로 구성된 논어에는 150여 명의 다양한 인물이 등장하는데 그중 공자의 제자가 약 30여 명입니다. 논어는 20개 편으로 구성되었으며 각 편명은 학이편, 위정편, 팔일편, 이인편, 공야장편, 옹야편, 술이편, 태백편, 자한편, 향당편, 선진편, 안연편, 자로편, 헌문편, 위령공편, 계씨편, 양화편, 미자편, 자장편, 요왈편 등입니다. 각 편명은 편의 시작되는 단어를 따서 붙였기 때문에 특별한 의미는 없습니다. 각 편은 작게는 3장 많게는 47장으로 구성되어 전체 500여 장입니다.

논어의 주요 내용은 공자의 말씀, 제자들과 나누었던 대화, 위정자들과 나누었던 기록 등으로 구성되었는데 특히 군자君子가 107번, 학學이 61번이나 등장합니다. 논어는 배움을 통한 리더(군자) 양성, 개인의 수양과 사회윤리, 정치사상 등을 다루고 있습니다.

▬ 공자의 주요제자들

○ 자로(子路) 이름은 중유(仲由), 계로(季路)라고도 하며 노나라 출신으로 공자보다 9살이 적었습니다. 성격이 거칠고 용맹했으며 곧았습니다. 자로가 공자의 제자가 된 이후로 공자를 비난하는 소리가 없어졌다고 합니다. 위나라 반란에 휩쓸려 63세에 공자보다 1년 먼저 죽었습니다. 공자가 누구보다 믿고 의지했던 친구 같은 제자였습니다.

○ 안연(顔淵) 이름은 안회(顔回) 노나라 사람으로 공자보다 30세가 적었습니다. 공자가 가장 사랑했던 제자로 인자(仁者)의 표상이었습니다. 신분이 미천한 제자였지만 배움을 특히 좋아했으나 젊어서 요절했습니다. 안회의 죽음에 공자의 슬픔이 얼마나 컸었는지 논어에 여러 번 등장합니다.

○ 자공(子貢) 이름은 사(賜) 위나라 사람으로 공자보다 31세가 적었습니다. 언변과 외교력이 뛰어나 춘추시대 외교무대에서도 큰 활약을 했으며, 노나라와 위나라에서 재상을 지냈습니다. 상업에도 출중하여 노나라에서 손꼽히는 부를 일구었으며 자공의 재력

은 공문(孔門)의 발전에 큰 기여를 했습니다. 공자가 죽자 6년 동안 시묘살이를 했습니다.

○ 증자(曾子) 이름은 증삼(曾參) 노나라 사람으로 공자보다 45세가 적었습니다. 효경(孝經)과 대학(大學)의 저자로 알려져 있습니다. 아둔하다는 평을 공자로부터 받았지만 성실함과 충실함으로 극복하여 공자의 맥을 잇는 중요한 역할을 했습니다. 공자 사후 내성파(內省派)를 주도했습니다. 증자의 사상은 공자의 손자인 자사를 통해 맹자로 이어지게 됩니다.

○ 중궁(仲弓) 이름은 염옹(冉雍) 노나라 사람으로 염경(冉耕), 염옹, 염구(冉求) 삼 형제가 모두 공자의 훌륭한 제자들이었습니다. 염옹은 인품과 덕행이 뛰어난 제자로 공자께서 임금을 해도 부족함이 없다고까지 칭찬을 한 제자입니다.

○ 염유(冉有) 이름은 염구(冉求) 노나라 사람으로 공자보다 29세가 어렸습니다. 공자 천하주유시 안연, 자로, 자공과 함께 공자를 수행한 제자였습니다. 염구는 계씨 가문의 가신이 되어 공자의 가르침을 저버리는 행동을 했습니다. 성격이 다소 소극적인 제자였습니다.

○ 자아(子我) 이름은 재여(宰予) 혹은 재아(宰我)라고 불린 노나라 사람으로 공자보다 29세가 어렸습니다. 언변이 뛰어났으나 비판적이고 게으른 성격으로 종종 공자의 책망을 들었던 제자입니다. 제나라에서 대부가 되었지만, 전상의 난에 일족이 죽임을 당했습니다.

○ 자장(子張) 이름은 전손사(顓孫師) 진(陳)나라 사람으로 공자보다 48세가 어린 공자의 말기 제자였습니다. 외모가 출중하고 적극적인 성격으로 출세와 명성에 관심이 많아 공자에게 그에 관련한 질문을 많이 했습니다. 자장은 공자 사후 자하 자유 등과 함께 예(禮)를 중시하는 숭례파를 따랐습니다.

○ 자하(子夏) 이름은 복상(복상) 진(晉)나라 사람으로 공자보다 44세가 어렸습니다. 자하는 문학에 특히 조예가 깊었으며 공자의 가르침을 후세에 전하는데 큰 기여를 했습니다. 공자 사후 위나라 문후(文侯)의 스승으로 국정 자문을 했으며 공자의 제자 중 가장 오래 살았습니다.

공자의 묘소가 있는
공림(孔林)입구에 위치한
만고장춘(萬古長春),
공자의 가르침은
약동하는 봄과 같이
언제나 역동적이다.

8

공공을 위해

212

인재 채용의 세 가지 기준

행하는 바를 보고, 행하는 이유를 보고, 편안해하는 것이 무엇인가를 살펴야 합니다. 그간의 행동을 보면 그가 어떤 사람인지 알 수 있기 때문입니다. 그가 걸어온 길을 살펴보면 그가 어떤 사람인지를 알 수 있기 때문입니다. 어떤 것에 만족을 느끼는지를 안다면 그가 어떤 사람인지를 알 수 있기 때문입니다. 인사에 있어 면접의 중요성은 두말할 필요가 없습니다. 예전이나 지금이나 다른 것이 없습니다. 지난 3년 동안 당신이 만든 최고의 성과는 무엇입니까? 왜 그 일을 했습니까? 당신이 잘하거나 만족하는 업무는 무엇입니까?

2500년 전 사람을 평가하는 방법이나 현재 사람을 면접하는 방법이나 다를 것이 없습니다. 공자가 사람을 평가할 때 사용했던 3가지 기준이 바로 그것입니다.

시 기 소 이　관 기 소 유　찰 기 소 안
視其所以 觀其所由 察其所安

행하는 것을 보고, 그 행하는 의도를 살피며, 무엇에 편안해하는지를 살펴보아야 한다.

논어, 위정편10

213

감 놔라 대추 놔라 하지 마라

경험과 지식이 미천한 사람이 마치 전문가인 것처럼 말하는 경우가 적지 않습니다. 어떤 조직이든 목소리 큰 사람이 있습니다. 관여할 만한 지위나 전문 지식도 없으면서 자신의 이익을 위해 중요한 일에 관여하는 것은 결국 조직에 해를 끼치는 결과를 만들고 맙니다. 책임지는 위치에 있지 않다면 그 일을 정확히 알기가 어렵기 때문입니다.

부 재 기 위　불 모 기 정
不在其位　不謀其政

그 위치에 있지 않거든 그 위치의 정사를 꾀하지 말라.

— 논어, 태백14

214

신뢰를 잃으면 모두를 잃는다

"정치란 식량을 풍족하게 하고, 군비를 충분하게 하고, 백성들이 신뢰하도록 하는 것인데 이중 부득이 하나를 버린다면 군비이고, 부득이 둘을 버린다면 군비와 식량이다. 예로부터 누구나 죽음은 있었던 것이나 백성들의 신뢰가 없으면 나라는 존립할 수가 없는 것이다."

제자 자공이 정치를 물었을 때 공자께서 이른 말입니다. 국가나 기업이나 개인이나 크게 다르지 않습니다. 나라와 나라 간의 신뢰, 국민에 대한 정부의 신뢰, 고객에 대한 기업의 신뢰, 조직과 사람들에 대한 개인의 신뢰, 그 믿음이 사라지면 모든 것은 물거품이 됩니다.

민 무 신 불 립
民無信不立

백성들의 신뢰가 없다면 국가는 존립할 수 없다.

논어, 안연07

215

리더십의 첫 번째는 솔선수범

말로만 하는 정치인, 말로만 하는 경영인, 말로만 하는 방송인, 앞에서는 그럴듯하게 꾸며대지만, 뒤에서는 안하무인인 잘난 리더들이 너무 많은 세상입니다.

제자인 자로가 정치에 관해 물었을 때 공자께서 하신 말씀입니다. "정치란 먼저 솔선수범을 보인 다음 백성들을 수고케 하며, 정사를 살필 때는 게으름 없이 부지런히 해야 한다." 정치도, 경영도, 방송도 다 마찬가지입니다.

선지 노지 무권
先之 勞之 無倦

솔선수범하고, 일을 시켜라. 게으름을 피우지 말라.

논어, 자로01

216

국가경영은 경제와 교육

나라에 백성이 많아지면 무엇을 해야 하는가?라는 제자 염유의 질문에 공자께서 "첫 번째는 백성들을 부유하게 해주고 두 번째는 백성을 교육해야 한다."라고 가르쳤습니다. 국가의 발전은 국민의 부강과 국민의 문화 정신에 있다는 의미입니다. 기업도 다르지 않습니다. 기업의 발전은 부자 직원을 얼마나 많이 만드는 가와 바람직한 기업문화에 비례합니다. 직원이 경제적으로 부유하고 문화 수준이 높다면 기업의 발전과 번영은 당연히 따라올 것입니다.

부지 교지
富之 敎之

부유하게 해야 한다. 교육해야 한다.

논어, 자로09

217

행복이 사람을 부른다

함께하는 사람들을 즐겁게 해주면 가만히 있어도 멀리에서 사람들이 찾아옵니다. 직원에게 대우를 잘해주면 광고하지 않아도 인재들이 찾아오고, 직원이 행복한 가게는 소문내지 않아도 손님들이 찾아옵니다. 가까이 있는 사람이 먼저입니다. 가족도 장사도 경영도 정치도 마찬가지입니다.

이웃 나라 섭공이 정치에 관해 물었을 때 공자께서 "가까이 있는 사람들은 기쁘게 하고, 먼 곳의 사람들은 스스로 찾아오게 하는 것이다."라고 말했습니다.

근 자 열 원 자 래
近者說 遠者來

가까이 있는 사람은 기뻐하고, 먼 곳의 사람은 찾아오게 하는 것이다.

— 논어, 자로13

218

작은 이익에 빠지지 마라

유종의 미를 거두는 정치인들이 거의 없습니다. 처음에는 당당하게 호언장담하지만, 끝은 대개 흐지부지입니다. 조직의 리더들도 비슷합니다. 새로운 업무를 맞을 때는 전임자를 비판하며 호기롭게 시작하지만, 전임자보다도 더 초라한 모습으로 끝을 맺는 경우가 많습니다. 너무 서둘러 일을 망쳤거나 작은 이익에 눈을 돌렸기 때문입니다. 자하가 정치에 관해 물었을 때 공자께서 "서두르지 말고 작은 이익을 돌보지 말라"는 조언이 지금도 유효한 이유입니다.

무욕속 무견소리 욕속즉부달 견소리즉대사불성
無欲速 無見小利 欲速則不達 見小利則大事不成

속히 하려고 하지 말고, 작은 이익을 보려고 하지 마라. 빨리하려고 하면 달성하지 못하고, 작은 이익을 보다 보면 큰일을 이루지 못한다.

— 논어, 자로17

219

누구를 따르겠습니까?

정치란 그른 것을 바르게 하는 것입니다. 정치 리더가 바르면 시민들은 바르게 되려고 노력할 것입니다. 정치 리더가 바르지 않다면 그 시민들은 누구를 따르겠습니까?

경영도 그른 것을 바르게 하여 이익을 남기는 활동입니다. 기업의 경영 리더가 바르면 직원들은 바르게 되려고 노력할 것입니다. 기업 경영 리더가 바르지 않다면 그 직원들은 누구를 따르겠습니까?

부정자 정야 군불위정 백성하소종호
夫政者 正也 君不爲正 百姓何所從乎

정치란 바르게 하는 것인데, 임금이 바르게 하지 않는다면 백성은 누구를 따르겠습니까?

▬ 공자가어, 대혼해

220

정치의 급선무는

우리 정치가 급히 해결해야 할 중요한 일은 불필요한 세금을 줄이고, 시민 스스로 자유로운 경제 활동을 할 수 있는 기반을 만들어 부자 시민을 많이 만드는 것입니다. 바른 교육으로 범죄를 줄이고 선진보건으로 시민의 평균수명을 늘리는 것입니다. 2500년 전부터 공자가 강조했던 정치의 바른 역할입니다.

정지급자 막대호사민부차수야 생력역 박부렴 즉민부의
政之急者 莫大乎使民富且壽也 省力役 薄賦斂 則民富矣

돈예교 원죄질 즉민수의
敦禮教 遠罪疾 則民壽矣

정치의 급선무는 백성들을 부자로 만들고 오래 살게 하는 것으로, 부역을 덜어주고 세금을 적게 하면 백성이 부하게 되고, 예절교육과 죄와 질병을 멀게 해주면 백성이 장수하게 된다.

■ 공자가어, 현군

221

공직자가 버려야 할 6가지

억울한 사람이 자주 찾아오는 것을 노여워하는 공직자는 송사가 생길 수 있습니다. 바른말로 간하는 사람을 물리치는 공직자는 생각하는 바가 막히게 됩니다. 오는 사람을 거만하게 대하는 공직자는 예절을 잃게 됩니다. 게으른 공직자는 중요한 시기를 실기하게 됩니다.

사치하는 공직자는 재정을 부족하게 만듭니다. 독단적으로 일을 처리하는 공직자는 큰일을 이루지 못합니다.

분 수 자　거 간 자　만 이 자　태 타 자　사 치 자　전 독 자
忿數者　距諫者　慢易者　怠惰者　奢侈者　專獨者

노여움, 간을 멀리함, 거만함, 나태함, 사치함, 독단

━ 공자가어, 입관

222

가혹한 정치

공자가 태산을 지날 때 시아버지, 남편, 자식이 범에게 물려 죽어 슬피 울고 있는 여인에게 물었습니다.

"여기서 이렇게 기막힌 꼴을 당하면서도 어찌하여 이곳을 떠나지 않고 살고 있소?"

여인이 대답했습니다.

"그래도 이 고을은 가혹한 정치가 없기 때문입니다."

가혹한 정치는 사나운 범보다 더 무섭습니다.

가 정 맹 어 폭 호
苛政猛於暴虎

가혹한 정치는 사나운 범보다도 더 무서운 것이다.

— 공자가어, 정론해

223

바른 정치의 일곱 가지 교훈

윗사람이 노인을 공경하면 아랫사람은 더욱 효도힐 것입니다. 윗사람이 나이 많은 사람을 존경하면 아랫사람은 더욱 우애할 것입니다. 윗사람이 베풀어주면 아랫사람은 마음이 더욱 너그러워질 것입니다. 윗사람이 어진 이와 친하면 아랫사람은 친구를 가려 사귈 것입니다. 윗사람이 덕을 좋아하면 아랫사람은 모든 일을 숨기지 않을 것입니다. 윗사람이 재물 탐하기를 싫어하면 아랫사람은 서로 다투기를 부끄러워할 것이다. 윗사람이 청렴하고 겸양하면 아랫사람은 더욱 절제할 것이다.

정치 리더는 윗사람을 공경하고 존경하며, 베풀고, 현인을 따르고, 덕을 좋아하며, 청렴하고 겸양해야 합니다. 이런 정치 리더의 덕이 어렵다면 그는 바로 물러나야 합니다.

칠 교 자　치 민 지 본 야
七敎者　治民之本也

일곱 가지 가르침은 백성을 다스리는 근본이다.

― 공자가어, 왕언해

224

벼슬을 하는 자세

공자와 가까운 두 사람이 벼슬을 하였는데 벼슬살이가 끝난 후 공자에게 다가와 그간의 과정에 대해 말했습니다.

A : 저는 공무가 너무 바빠 학문을 익힐 시간을 못내 학문을 밝게 할 수가 없었으며, 봉급이 너무 적어 주변 친척들을 돌볼 겨를이 없었으며, 공무가 다급해서 죽은 이의 조문과 아픈 이의 위문을 못 해 친구를 잃어버렸습니다.

B : 저는 어려서 외운 것을 벼슬을 하면서 실천하게 되니 학문이 더 밝아졌으며, 봉급으로 친척들을 돌봐주니 친척들과 더욱 친하게 되었고, 공무를 마친 여가에는 조문과 위문을 하니 친구 간의 정이 더 돈독해졌습니다.

시송지 금득이행지 시학익명야 봉록소공 피급친척 시골육익친야
始誦之 今得而行之 是學益明也 俸祿所供 被及親戚 是骨肉益親也

수유공사 이겸이조 사문질 시명우독야
雖有公事 而兼以弔 死問疾 是朋友篤也

어려서 외운 것을 지금 실천하게 되니 학문이 더 밝아졌으며, 봉록으로 친척을 돌봐주니 친척들과 더욱 친하게 되었고, 공무를 마친 여가에는 조문과 위문을 하니 친구 간의 정이 더 돈독해졌다.

■ 공자가어, 자로초견

순자와 공자가어

『순자 荀子』

『순자荀子』는 전국시대 순자와 그의 제자들이 쓴 것을 한나라 유향(劉向)이 처음으로 32편(荀卿新書)으로 정리한 책입니다. 맹자의 글이 열정적이고 격한 데 비해 순자의 글은 냉정하고 논리적입니다. 순자는 권학편, 수신편, 왕제편, 부국편, 왕패편, 군도편, 신도편, 천론편, 예론편, 악론편, 성악편, 자도편, 애공편, 요문편 등 총 20권 32편으로 구성되었습니다. 자연론, 성악설, 인식론, 예론, 정치론등 다양한 주제를 다루고 있습니다. 『순자荀子』에는 공자의 다양한 어록이 등장합니다.

성악설을 주장했던 순자荀子(BC323? ~ BC238?)의 이름은 황(況)이며 순경(荀卿)이라고도 부릅니다. 공자의 유학을 발전시킨 사상가로 맹자와 쌍벽을 이루는 인물입니다. 기원전 323년경 조(趙)나라에서 태어났으며 성장 후 제(齊)나라로 가서 좨주(祭酒) 벼슬을 하고 대부(大夫)가 되었으며 초(楚)나라에서 죽었습니다. 저서로 '순자(荀子)'가 있습니다. 맹자는 성선설을, 순자는 성악설을 주장했습니다. 공자의 정신주의적인 면은 증자, 자사, 맹자를 통하며 발전하였고 공자의 형식주의적인 면은 자유와 자하, 순자에게 계승되었습니다. 맹자의 사상이 주관적이고 이상적이었다면 순자의 사상은 객관적이고 현실적입니다.

『공자가어 孔子家語』

『공자가어』는 공자의 후손 혹은 제자들이 논어와 비슷한 시기에 저술되어, 진나라 진시황의 분서갱유의 화를 피해 벽 속에 숨겨져 내려오다, 한나라 공안국孔安國(BC156년 ~ BC74년)이 이를 알아보고 편찬했다고 합니다. 그로부터 250여 년 후 삼국시대 위魏의 왕숙王肅(195-256년)이 이에 다시 주석을 붙여 현재 전하는 『공자가어』가 되었는데, 『공자가어』는 공안국이 편찬한 원본에 왕숙이 좌전(左傳), 맹자(孟子), 순자(荀子), 예기(禮記), 사기(史記, 안자(晏子), 열자(列子), 한비자(韓非子)등을 참조하여 많은 부분을 첨가했다고 전해지나 확실치는 않습니다. 현재의 『공자가어』는 10권 44편으로 공자가 당시의 사대부士大夫 및 제자들과 서로 나눈 내용을 제자들이 보고들은 대로 기록한 정제되지 않은 다양한 글이 많습니다. 공자의 삶을 이해하고 당시의 문물을 연구하는데 중요한 자료로 인정받고 있습니다.

공림(孔林)에 위치한
공자의 묘소
대성지성문선왕(大成至聖文宣王) 하은주 삼대의 학문을 집대성하여 성인에 이르러 세상에 문명과 문화를 펼친 왕이라는 묘비석이 서있다.

공자의 말

포스트코로나, 공자에게 길을 묻다.

초판 1쇄 발행 2020년 10월 16일
초판 2쇄 발행 2020년 11월 06일

지은이 최종엽
기획 엔터스코리아 (책쓰기브랜딩스쿨)
펴낸곳 읽고싶은책 (제2020-000044호)
펴낸이 오세웅
편집 권윤주, 박성화
디자인 권희정

주소 서울시 관악구 신림로340 르네상스복합쇼핑몰 7층 707-4호
이메일 modubig@naver.com
홈페이지 https://modubig.modoo.at/

책값은 뒤표지에 표기되어 있습니다.
ISBN 979-11-971209-0-9 03190